T0271212

تطور الشعر العربي في المهجر

تأليف
ممدوح محمود يوسف حامد

المملكة الأردنية الهاشمية
رقم الإيداع لدى دائرة
المكتبة الوطنية
(2010/6/2159)

811.09
حامد، ممدوح محمود يوسف
تطور الشعر العربي في المهجر / ممدوح محمود يوسف حامد
عمان : دار جليس الزمان، 2010.
ر.أ.: (2010/6/2159).
المواصفات: الشعر العربي // النقد الأدبي // التحليل الأدبي
❖ أعدت دائرة المكتبة الوطنية بيانات الفهرسة و التصنيف الأولية
ردمك ISBN 978-9957-81-104-4

الطبعة الأولى

2011

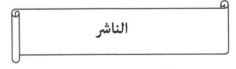

الناشر

دار جليس الزمان للنشر والتوزيع

شارع الملك رانيا - مقابل كلية الزراعة - عمارة العساف - الطابق الأرضي، هاتف:
009626 5343052 - فاكس: 0096265356219

الإهـــــداء...

أقدم هذا الكتاب الذي هو باكورة أعمالي الأدبية إلى والدي الحبيب رحمه الله و أسكنه فسيح جناته، الذي شجعني على مواصلة دراستي العليا للحصول على درجتي الماجستير و الدكتوراه، و رفض فكرة الانشغال بالعمل قبل الحصول على الدرجات العلمية العليا.

فجزاه الله عني خير الجزاء.

ابنك

المخلص د. ممدوح

تقديم

الحمد الله رب العالمين والصلاة والسلام على خاتم المرسلين سيدنا محمد بن عبد الله الأمين وعلى آله وأصحابه الغر الميامين.

وبعد....

لقد كان أول اتصال لي بالأدب المهجري حينما كنت طالبا في المرحلة الثانوية حيث كان ضمن مقررات النصوص الأدبية بعض القصائد الشعرية والمقطوعات النثرية لاشهر شعراء وأدباء المهجر كابي ماضي وجبران خليل جبران والقروي والياس قنصل وزكي قنصل وغيرهم بالإضافة إلى بعض القصائد الشعرية التي تمثل العصور الأدبية المختلفة من جاهلية وعباسية وأموية.

وحين كنت أقرأ القصائد المهجرية أجدها أسرع إلى حافظتي وأقرب إلى مفهومي من تلك القصائد التي تعج بالألفاظ الضخمة والأساليب الرصينة، والتي تحتاج إلى شيء من التأني والروية في سبيل فهمها.

وعندما انتقلت إلى المرحلة الجامعية لاحظت أن ذلك النمط الشعري لم يلق حظه من العناية والاهتمام لذلك آثرت أن أجعل الشعر المهجري وتطوره محورا لدراستي كي أقف على الاسرار التي جذبتني إليه دون غيره لما يتسم به من السهولة والرقة والبساطة والإيحاء والمضامين التي تعالج مشاكل الإنسان فيرى فيه كل من يقراه صورة لما في نفسه من مشاعره وأحاسيس.

فمدرسة المهجر استطاعت أن ترتقي بالشعر العربي وتجعله مسايراً للتطور العصري والحضاري فقد أضافت إلى القصيدة الشعرية عدة إضافات

وتمردت على بعض الخصائص التي رأت فيها قيوداً تحد من نشاط الشاعر وتكبل حريته في التعبير عن عواطفه وأفكاره بصورة جيدة.

فمبادؤها تعتبر من أنجح القواعد والمبادئ التجديدية التي برزت على مر العصور وخاصة في المحاولات التي عاصرت المدرسة المهجرية كمدرسة الديوان وابولو.

ولعل السر في نجاح المدرسة المهجرية هو اتصالها بالآداب الغربية، والثقافة التي كان يتمتع بها شعراء المهجر تماما كما حدث في انطلاقه الاندلس التي استطاعت ان تحقق بعض التطور الذي كان بداية وهاديا لشعراءء المهجر الذين اقتدوا بشعراء الاندلس خاصة في فن الموشحات والتنويع في الأوزان والقوافي.

فاستطاع المهجريون أن يقدموا للقصيدة العربية خدمات جليلة من أجل الارتفاع بها إلى المستوى العالمي فجددوا في الأوزان والقوافي والمضامين الشعرية والموضوعات الشعرية وغيرها.

وقد اعتمدت في دراستي هذه على أشهر المؤلفات والدواوين الشعرية المهجرية والبحوث الأدبية التي تدور حول المدرسة المهجرية، ومن أهم المراجع التي اعتمدت عليها كتاب "ادبنا وأدباؤنا في المهجر" لجورج صيدح، وأدب المهجر لعيسى الناعوري، وشعراء الرابطة القلمية لنادرة السراج، والأدب العربي في المهجر للدكتور حسن جاد حسن والشعر العربي في المهجر للاستاذ عبد الغني حسن، وغيرها من الكتب والمراجع التي اشرت إليها في ثنايا هذا البحث.

وقد أقمت البحث عل ثلاثة أبواب ومقدمة وخاتمة.

١- **الباب الأول** - يدور حول نشأة الشعر المهجري وفيه ثلاثة فصول:

الفصل الأول: تحدثت فيه عن الحالة الأدبية في بلاد الشام قبل الهجرة.

الفصل الثاني: يدور حول دوافع الهجرة وأثرها في إنتاج المهاجرين.

الفصل الثالث: عن المهاجرين بين المادية الغربية والروحانية الشرقية.

٢- **الباب الثاني:** يدور حول نشاطهم الأدبي وأثره في إنتاجهم الشعري، وفيه فصلان:

الفصل الأول: أهم التنظيمات والجمعيات الأدبية وصحفها وأثرها في الأدب العربي.

الفصل الثاني: المهاجرون بين القديم والجديد.

٣- **الباب الثالث:** ويدور حول مظاهر التطور في الشعر العربي. وقد تعرضت فيه للمحاولات التجديدية في الشعر العربي على مختلف العصور وفيه ثلاثة فصول:

الفصل الأول: التطور من الناحية الموضوعية.

الفصل الثاني: مظاهر التطور في الصورة والبناء الشعري.

الفصل الثالث: الخصائص العامة للشعر المهجري.

ثم انهيت البحث بخاتمة ضمت تلخيصاً إجمالياً لموضوعات البحث وما تضمنه من نتائج أدبية.

وختاماً أقدم شكري وامتناني لأساتذتي الأفاضل الذين كان لهم فضل الإرشاد والتوجيه في إقامة هذا البحث.

و الله ولي التوفيق....

الباب الأول
نشأة الشعر المهجري

الفصل الأول
الحالة الأدبية قبل المجهرة

لقد كان العرب في جاهليتم حيث الطبيعة البدوية الموحشة والحياة المعيشية القاسية والظروف الصعبة التي تحيط بهم يحاولون دائما التخفيف من تأثيرها على أنفسهم، لذلك كانوا يعمدون إلى الغناء كي يمتعوا أنفسهم ويتغلبوا على عنصر الملل الذي يلازمهم في رحلاتهم وأسفارهم، والغناء منذ الجاهلية حتى يومنا الحاضر يتسم بالتقطيع الموسيقي الذي يبعث السرور والسعادة إلى القلوب، فكان العربي يتخذ من الغناء والرجز اداة لترجمة عواطفه وأحاسيسه الذاتية. واستمر هذا الإنتاج الذي فيه النغمة الموسيقية يطلق عليه الرجز إلى أن جاء الخليل بن أحمد الذي اهتدى إلى وضع البحور الشعرية المتعارف عليها كقاعدة يلتزم فيها الشاعر -في نظره- الذي يعتبر مرآة عاكسة للبيئة والعصر الذي يعيش فيه الشاعر. فكان الشاعر في الجاهلية يلتزم بالدفاع عن قبيلته ضد الأعداء الذين يحاولون النيل منها، ويشيد بمفاخرها وأيامها التاريخية في الحروب، ويصور ما تقع عليه عينه من مظاهر الطبيعة الخشنة من صحراء ونجوم وشمس وليل وغيرها من المظاهر المختلفة، بأساليب تتميز بالفخامة والجزالة والقوة والخشونة المتولدة عن خشونة حياتهم.

ولما جاء عصر الإسلام هذب الأذواق ورقق المشاعر، وأحدث تطويرا كبيرا على طبيعة الشعر الجاهلي حين أشاع فيه الفاظا اسلامية جديدة لم يعهدها الشعر الجاهلي كما حرم بعض الألفاظ التي لا تتناسب وجلالة الدين

الإسلامي واستمر غرض الشعر كـأداة لنشر ـ التعاليم الجديدة والتقاليـد الدينيـة السمحة، والدفاع عن المبادئ الإسلامية ضد الأعداء.

ومـن العوامـل المسـاعدة علـى تهـذيب الأذواق تلـك الفتوحـات الإسلامية المتشعبة الأطراف التي نتج عنها اتصال بالحضارات الأجنبية المختلفة من فرس وروم واغريق. كل ذلك أثَر على الشعر العربي بالفاظه وأغراضـه التي اصبحت تـدور حـول وصـف مظاهر الحيـاة الجديدة وتطورها.

ولما جاء العصر ـ الأموي فقد كـان الشعر فيه امتـدادا للخصائص الفنيـة في العصر ـ الجاهلي من قوة الأساليب، وجزالة الألفاظ والأغراض الشعرية والأوزان والقوافي، رغم التطور الثقافي الذي طرأ على الشاعر الأموي.

وفي العصر العباسي حـدث تقدم كبير في الناحيـة الثقافيـة والأدبيـة بعـد أن ظهرت الترجمة ودخل الأعاجم البلاد العربية وأصبح لهم مراكز مرموقة في السلطة فتعلمـوا العربيـة وأخذوا ينظمون الشعر العربي أيضا. فظهرت طبقة الشعراء المولدين كبشار بن برد وأبي نواس زعيما حركة التجديد في الشعر العربي فنرى أبا نواس حين دعا إلى التحرر من التقاليد القديمة. قال:

صـــفة الطلــــول بَـــلاغَةَ القــدم   فاجعـــل حَديثَـــك لابنـــة الكَـــرم

وقال في موطن آخر:

دع الإطــــلال تسفيــــها الجـــــنوب   وتـــبكي عهــــد جدتــها الخطـــوب

ونلاحظ أن ثورة أبي نواس هـذه لم تكـن غـير محاولـة للـترويج لمذهبـه في الخمريـات والشعوبية، وأنه لم يحدث تغييرا جوهريا في بناء القصـيدة العربيـة إلا بعـض التغـيرات التـي تتصل في بساطة التعبير ورهافة الإحساس وسهولة اللغة، وهذا شيء طبيعي لمسـايرة التطـور الحضاري في عصره، وهي سمات غلبت عـلى شـعراء العصر ـ العبـاسي جميعـا. ودعوتـه هـذه كانت تستبدل تقليدا بتقليد آخر، فكانت محاولة لو قـدر لهـا النجـاح لفتحـت الطريـق أمـا التطور الحقيقي[1].

وكانت الإنطلاقة الشعرية في سبيل التجديد والتحرر مـن التقاليـد القديمـة تلـك التـي حدثت في الأندلس وكان لاتصالها بالغرب أثر كبير في تغير السمات الفنيـة المتعـارف عليهـا في الشعر العربي. فثار الأندلسيون على الأوزان والقـوافي وقيودهـا فنوعـوا في القـوافي والأشـكال، والصور الشعرية محاولين تسهيل الشعر العربي وتقريبه للأذهـان، فأوجـدوا الموشـحات التـي تمتاز بالموسيقى الخفيفة ووضعوا قواعد الزجل، التي تمتاز بسمة الخيال والابتكار... وبالجملة كانت الانطلاقة الاندلسية تجربة تجديدية ناجحة إلا أنه ينقصها العمق الفكري والنضوج.

واستمر الشعر العربي على هذه الحالة إلى أن مر بفترة عصيبة – في القرن السابع عشر والثامن عشر – فخيم عليه الجمود وساده الركود ففسدت الأذواق والعواطف وانحدر الشعر العربي إلى الحضـيض عنـدما أصبح أشـكالا خاليـة مـن المضـامين وأصبح مكـبلا بالمحسـنات البديعية المتكلفة؛ فظهرت البديعيات وهي نوع من القصائد يحتوي كل بيت منها على لـون بديعي أو أكثر – وظهرت أشعار المناسبات والأشعار التاريخية وأشعار الأحاجي والألغاز.

(١) الشعر العربي المعاصر، قضاياه وظواهره الفنية والمعنوية: د. عز الدين اسماعيل، ص ٤٤.

ولم تكن حالة الشعر في العصر المملوكي والعثماني أفضل منها في الفترة التي سبقت ذلك العصر. فقد انتكس الأدب العربي والشعر بخاصة، انتكاسة عوقت مجراه ووقفت عقبة في طريق تقدمه وازدهاره.

ولا غرابة في ذلك إذا عرفنا الأسباب والعوامل التي ساعدت على جمود الشعر العربي في تلك الفترة، فكثرة الحروب وانشغال الناس في مشاكلهم السياسية والاجتماعية ابعدهم عن الاهتمام بالادب والشعر، بالإضافة إلى شيوع الفقر والفساد في الأخلاق، والإقتصاد وجميع مناحي الحياة.

وتأخر التعليم لا سيما إذا عرفنا عجمة الحكام وجهلهم بالعربية بالإضافة إلى أهدافهم التي كانوا يسعون جاهدين لتعميمها وهي سيادة اللغة التركية فبرزت حركة التتريك عندما فرضت اللغة التركية لغة رسمية في المدارس والكتاتيب، والدوائر الرسمية والمصالح الحكومية مما وجه الأنظار بعيدا عن اللغة العربية التي انصرف عنها حتى ابناؤها الذين أخذوا ينظمون أشعارهم بالتركية وإن نظموا بالعربية فتخرج أشعارهم محملة بالمحسنات البديعية المتكلفة ومقيدة بالقيود اللفظية السقيمة، لذلك أصبح الشعر أشباحا لا أرواح، وكما نعلم إن اللغة كائن خاضع لقانون التطور، والشعر جزء من اللغة فهو كذلك يتطور تمشيا مع العلم والفلسفة والموسيقى، وسائر فنون المدنية (وإن لم يتمشى الشعر مع الرقي العلمي والأدبي أمسى قليل التأثير في العواطف وفقد وظيفته السامية في إصلاح الانسانية) [(١)].

ومع أواخر القرن التاسع عشر برز شعاع النهضة الأدبية عندما تهيأت الأسباب وذلك على أثر الاتصال الذي حدث بين الشرق والغرب، ودخول

(١) الشعر القديم والحديث: محمد أمين واصف، ص١.

الطباعة والصحافة للشرق العربي، وانتشار الترجمة التي سهلت الاتصال بالحضارة الغربية وبالتراث العربي القديم مما ساعد على الامتزاج بين الحضارتين، الأمر الذي ينتج عنه تطلع إلى الأخذ بيد الشعر العربي للنهوض به من انتكاسته، وانتشاله من جمود وانحطاطه فقيض الله للشعر العربي محمود سامي البارودي الذي اخذ على عاتقه حمل لواء النهضة الشعربية التي تعيد للشعر نضارته وقوته واعتباره. وكان ذلك بتخليصه من الأغلال والقيود التي ظل يرسف تحتها ردحا من الزمن. ومع محاولته التجديد إلا أن فضله الوحيد في إعادته الشعر إلى قوته التي كان يتمتع بها في عصور ما قبل النكسة فظل ملتزما بعمود الشعر العربي مع التجديد في بعض الأفكار والمعاني والموضوعات المختلفة. ويكفيه فخرا أنه وجه الانظار إلى طريق النهضة وعلى الذين من بعده أن يكملوا المسيرة فجاء حافظ وشوقي ومطران وغيرهم من الشعراء الذين تأثروا بالرومانسية الغربية وآمنوا بنظرية خدمة الأدب للحياة والمجتمع مما دفعهم للثورة على ما رآوه يشل حركتهم من الأوزان والقوافي فظهر ما يسمى بالشعر الحر الذي لا يتقيد بالقوافي ويقوم بناؤه على التفعيلة والتفعيلتين وظهرت التواشيح المختلفة الألوان، المتحررة من الأوزان. وكان من العوامل المساعدة على ذلك اطلاعهم على الثقافات والآداب الغربية وحركة المهجرفي بلاد الأمريكتين والتي سنعرض للحديث عنها في بحثنا هذا.

الفصل الثاني

المهاجرون ودوافع هجرتهم وأثرها في انتاجهم

الشعر المهجري هو ذلك التراث الذي خلقته مجموعة من الشعراء والأدباء الذين هاجروا من بلاد الشام إلى بلاد الأمريكتين والذي يتمز بميزات معينة كان لها أثر كبير في إحداث ثورة على التقاليد الجامدة الموروثة في الشعر العربي في الفترة الواقعة مابين القرن السابع عشر وحتى النصف الثاني من القرن التاسع عشر. وقد اخذت انطلاقتهم الشعرية طابعا مميزا ذا اثر فعال في النهضة الأدبية بشكل عام، والشعرية بخاصة والتي تعتبر امتدادا للانطلاقة، التحررية من ربقة التقاليد، الاولى في بلاد الأندلس.

فما هي الدوافع والأسباب التي حَدَث بتلك النخبة من الشبان لمغادرة أوطانهم؟ كما نعلم إن الشرق العربي ظل فترة من الزمن يرزح تحت الحكم العثماني الذي كان له كامل السلطة في الحكم المطلق على بلاد الشام ومصر.

وكانت طريقة حكمهم تتسم بالاستبدادية الظالمة المتسلطة، الأمر الذي نتج عنه فساد في مناحي الحياة المختلفة من سياسية، واقتصادية، واجتماعية مما ترتب عليه انتشار الفوضى، وفساد الأخلاق، والفقر والخوف الذي سيطرعلى أبناء الشعب الذين تفشت بينهم الصراعات الطائفية والتحزبات الدينية التي ساعدت على تأجيجها سياسة الحكومة التركية والعناصر الاستعمارية التي كانت صاحبة الأثر الكبير في نشر بذور التفرقة والبعضاء بين ابناء الشعب الواحد، متخذة الدين محورا لنشر مبادئها ليقتتل أبناء الشعب وينشغلوا عن مراقبة السياسة الظالمة بتلك التعصبات وبالتالي تبقى لهم

السيادة والريادة. وكان لهم ما أرادوا حينما نجحوا في مقاصدهم التي تتوجت بعدة مذابح طائفية بين المسلمين والمسيحين وكان من أشهرها مذبحة سنة ١٨٦٠م، التي بدأت بخلاف بين نصارى جبل لبنان ودورزه. (ثم استغلت هذه الخلافات في قيام فتنة دينية بين المسلمين والمسيحين وقد لحقت الهزيمة بالمسيحيين الذي اضطهدوا وعذبوا لا سيما وهم أقلية مغلوبة على أمرها) [١]

فبلاد هذه حالها يسودها القلق والاضطراب، ويعمها الفساد في جميع مناحي الحياة المختلفة؛ حيث الفقر والجوع والخوف والانهيار في القيم الاخلاقية. كل هذه ولد الحقد والكراهية للنظام الحاكم في نفوس أبناء الشعب الذين يرغمون على دفع الضرائب المرتفعة التي تفرض، وتجمع دون قانون ودون انضباط. فكان الهدف الأول جميع أكبر كمية من الأموال التي تورد لخزينة صاحب السلطان من أقوات الشعب الذي يتضور جوعا، ولما رأى الفلاحون أن مزارعهم لا تكاد تفي بمتطلباتهم اضطروا إلى هجرها ومثلهم فعل أصحاب الحوانيت الأمر الذي تسَبَبَ عنه تدهورا في الحالة الاقتصادية في الدولة عامة.

فلا غرابة أن نلمس في هذا الجو المضطرب ادبا وشعرا غثا وتافها لا ذوق فيه ولا روح. حيث إنَ الأدب مرآة عاكسة للبيئة التي ينمو فيها فهو يتناسب تناسبا طرديا مع ازدهار الحياة. فالحياة قلقة ومضطربة والأدب كذلك أصبح مضطربا وفاسدا ومقيدا بقيود تحد من نشاطه وتطوره.

---

(١) القومية والانسانية في ادب المهجر الجنوبي: عزيزة مريدن ص ٢٣.

فاصبحت اغراض الشعر تدور حول عنصر- المدح لمقام الوالي؛ ذلك المدح المصنوع المتكلف الزائف لأنه لا يصدر عن مكنون صاحب، الذي يبذل قصارى جهده لحشد أكبر كمية من المحسنات والزخارف البديعية والمبالغات الممقوتة ليصنع منها قصيدة تليق بمقام صاحب السلطان املا في نيل القبول لديه، واتقاء لشره.

فالحقيقية يعرفها الجميع ولا يستطيع أحد أن يجد في نفسه الجرأة على الجهر بها؛ خوفا وتحاشيا لظلم أصحاب السلطة، فعمد الناس إلى كبت أفكارهم واحقادهم بالإضافة إلى ركود عقولهم وحرياتهم التي اخمدت. فكان الناس يلتزمون جانب الصمت والرضى بالواقع المرير مقابل الإبقاء على حياتهم.

إلا أن نفرا من أبناء البلاد الشبان الذين تعلق عليهم الآمال، عزَ عليهم أن يروا بلادهم تهان كرامة اهلها وتكبت حرياتهم ولا يستطيعون ممارسة شيء منها.

ومن حاول منهم بدافع الحماس أن يطالب بحقه كان مصيره السجن أو الموت، فكثيرا منهم من حكم عليه بالإعدام وبالسجن من قبل السلطة العثمانية ومن استطاع أن يفلت من وجه الاحكام الظالمة فقد هاجر إلى أي مكان يجد فيه الحماية والأمن، مخَلفين وراءهم أهلهم وديارهم التي ترعرعوا على أرضها وتنفسوا عبير أزهارها، ودرجوا في مرابع طبيعتها الخلابة.

فمنهم من هاجر إلى مصر، ومنهم من هاجر إلى بلاد الأمريكيتين حيث الحرية والأمن والحضارة والمال. وكان لهم مع الهجرة والغربة إلف ومحبة

ورثوها من آبائهم وأجدادهم الذين ارتادوا شواطئ العالم البعيدة متاجرين ومسترزقين.

والجدير بالذكر أن أغلبية العناصر المهاجرة من المسيحين. فما السر في ذلك؟

للوقوف على السر يجب أن نأخذ بعين الاعتبار تلك الحالة السياسية السائدة فقد كانت بعض العناصر في الخلافة العثمانية وبعض الأصابع الاستعمارية تعمل على إشعال نار الفتنة بين الطوائف الدينية المختلفة لتحقق اهدافها ومآربها الخبيثة. فظن المسيحيون أن المسلمين يحملون عليهم فوقفوا في وجههم وكذلك المسلمون الأمر الذي ترتب عليه الحقد، والحسد، والبغضاء. بالإضافة إلى بعض الأسباب التي سنعرض لها.

أما الأسباب التي دفعت هذا النفر من الشاميين للهجرة، متنوعة ومختلفة الجوانب:

١-   فمنها ما يرجع إلى الحالة السياسية التي تتميز بالظلم والجور على أبناء الشام عامة، وعلى الأقليات المسيحية خاصة. فقد كانت الخلافة العثمانية تضيق الخناق على العناصر الشابة من أبناء الشعب فتذيقهم اقسى أنواع الإهانة والمذلة كي تبقى على هيبتها وسطوتها عليهم.

فكانت تسخرهم في خدمة السلطة الحاكمة وحاشيتها فتفرض عليهم الضرائب الباهظة لتثقل كاهلهم وتشيع بين صفوفهم الخوف والذعر، الأمر الذي دعاهم لترك اعمالهم لأنها لا تقوم بسد حاجاتهم مما ترتب عليه تفشي البطالة والفقر والجوع.

بالإضافة إلى فساد الاخلاق بين الناس فانتشرت السرقة وانتهاك الحرمات وشاعت الامية في الأوساط المسلمة أكثر منها في الأوساط المسيحية التي تعهدتها الارساليات الأجنبية بالتثقيف والتنوير.

٢- ومن أسباب الهجرة ما يرجع إلى طلب الرزق والمال، وذلك ما نستنتجه من أقوال المهاجرين أنفهم فهذا جورج حسن المعلوف يقول في مقدمة ديوان الياس فرحات:

"نحن جئنا المهاجر مستجيرين مسترزقين"[١] .

وفي نفس السبب يقول الشاعر اللبناني أمين ناصر الدين معللا هجرة اللبنانيين[٢] .

فازمعوا البعد عن أوطانهم حذرا	من فاقة أهلها بين الورى همل
مضوا وقد حملتهم كل جارية	تفري العباب وفيها النار تشتعل
لم يبرحوك اختيارا بَيد أنهم	ضاقت بهم جنبات العيش فانتقلوا

فالفقر الذي خيم على أحيائهم كان دافعا لهم للبحث عن المال الذي بواسطته يستطيعون التغلب على مشاكل الحياة ومتطلباتها، ولكن الحصول على المال في تلك الديار لا يكون إلا بالإهانة والمذلة لذلك فليبحثوا لهم عن مصدر شريف يكسبون منه أموالهم بشرف وإباء وجد وكفاح. فكانت وجهتهم إلى موطن المال والحرية ورغم ذلك فهم في هجرتهم لاقوا عناء وانهم كانوا مضطرين تحت قسوة الظروف ولم يهجروها اختيارا.

---

(١) جورج معلوف ص١٠ديوان فرحات: مقدمة .

(٢) الاتجاهات الأدبية - انيس المقدسي، ج٢ ص٦٨.

٣- ومنها ما يرجع إلى طلب الحرية والمعالي. والبعد عن حياة الذل والمهانة فنرى مسعود سماحة يعلل سبب هجرته إلى أمريكا سنة ١٩١٣، بقوله:

سـأترك أرضَ الجـدودفغيها حيـاة الجبـان وَمَـوت الجَـري
تقيـد أقـلامَ أحرارهـا وتطلـق أيـدي ذوي الميسر
سـأضرب في الارض لاخائفـا مـن الـبر، أو لجـج الأبحـر
وانـزل في بلـد دونـه سـمر المجـرة والمشـترى
يـدب الهنـاء علـى تـربـه ويجـري الرخـاء مـن الأنهـر
سلام على أرض "كولومبس" سـلام عـلى ربعـها الأزهـر[1]

فمسعود سماحة ترك أرض جدوده بسبب حياة الذل التي تخيم على أرضها فمن أراد أن يعيش فيها فيجب أن يتنازل عن كبريائه وإبائه وحريته حيث إنَ الحياةَ فيها فقط لأصحاب السلطة وأصحاب الثروة. لذلك آثر أن تبقى له كرامته وحريته ويغادر أرض جدوده التي درج عليها.

أما إيليا أو ماضي فإنه يصف لنا هجرته عن وطنه واعتذاره له لأنه نزح عنه فيقول:

لبنـان لا تعـذل بَـنيكَ إذا هـم ركبـوا إلى العليـا كـل سَـفين
لـم يهجـروك مـلالـة، لكنهـم خلقـوا لصَـيد اللؤلـؤ المكنـون
لـما ولدتهمـوا نسـورا حلقـوا لا يقنعـون مـن العـلا بالـدون
والنسر لا يـرضى السـجون وأن تكـن ذهـبا فيكـف محـابس مـن طـين؟

(١) ديوان مسعود سماحة، ص ٦٢.

الأرض للحشـرات تزحـف فوقهـا   والجـو للبـازي والشاهـين[1]

ويقول فوزي المعلوف في وداع وطنه الذي أراد له أن يكون عبدا ذليلا مع أنه كان به من الأسياد ومع هذا فهو يعلن بكل فخر أنه لن يتنكر لأهله ولوطنه مهما لحق به من اذى، فيقول:

مهـما يَجـر وطنـي علـيَ وأهلـه   فالأهـل أهـلي والـبلاد بـلادي
قسـما بـأهلي لم أفـارق عـن رضـى   أهـلي وهـم ذخـري وركـن عـمادي
لكـن أنفـت بـأن أعـيش بموطـني   عبـدا وكنـت بـه مـن الأسيـاد[2]

٤- غربه الفكر وكبت الحرية الثقافية ونلمس هذه الناحية عند الشاعر المصري أحمد زكي أبو شادي حيث يقول في قصيدته التي نظمها في وداع مصر سنة ١٩٤٦ معللا سبب هجرته:

وَغربـة الفكـر في دار يمجدهـا   أقسى علـى الحـر مـن فقـدان نَاظـره[3]

ويقول في موطن آخر يرد على الذين سألوه عن سبب هجرته:

ثم حالوا بين المثالية العليـا   لفكري وبين شعـبي وبيـني
فترحلت حيث يحترَم الأحـرا   ر، وحيث الهواء طلق لذهـني[4]

(١) ديوان الخمائل – ايليا أبو ماضي ص ١٠٤.
(٢) شاعر الطيارة ص ٣٠.
(٣) ديوان من السماء، ص ٩٦.
(٤) رائد الشعر الحديث، ج١ ص٦٢.

٥- التعصب الديني والحزازات الطائفية بين المسلمين والمسيحين. لقد كان لهذا الجانب أثر كبير في هجرة الشبان الذي تعرضوا لخلافات عديدة بين الطوائف الدينية المختلفة مما نتج عنه المذابح الدامية التي أودت بحياة عدد كبير من الجانبين، فشاعت الفوضى والفساد ودب الذعر في قلوب الأقلية المسيحية التي هزمت في مذبحة سنة ١٨٦٠ المشهورة الأمر الذي دفع عددا كبيرا منهم للفرار بحياته لاسيما وأن بعض مؤسسات الدولة العثمانية كانت تعمل لتوسيع شقة الخلاف بين أبناء الطوائف، ومهما يكن فلا سيبل إلى إنكار ما كان في العهد "الحميدي" من حزازات بين الأكثرية المسلمة والأقلية المسيحية وقد انعكس أثر هذه التعصبات والتحزبات الطائفية على أشعارهم الداعية للوحدة والتكاتف ونبذ البغضاء. فهذا الشاعر المهجري نعمة الحاج يقول مخاطبا بني وطنه داعيا للوحدة والتظافر:

أمواطني تحية من شاعر ... يدعوكم بلسان كل مهاجر
لا تعبثوا بحقوقكم وبلادكم ... كونوا يدا بتعاضد وتظافر
اين البلاد إلى التحزب والقلى ... بتتابع وتوارد وتواتر [(١)]

ويقول الشاعر القروي في التعصب الذي سبب الهوان:

رضينا للتعصب أن نهونا ... فاغمضنا على الضيم الجفونا
نقول المسلمون المسلمونا ... فنرميهم ونحن الخائنونا [(٢)]

(١) ديوان نعمه الحاج، ص ١٦.

(٢) ديوان الأعاصير - القروي ص ٦٢.

إلا أنه يشعر بالوحدة في تلك المدينة التي تشبه القفر في خموله وسكونه وذلك نابع من الحيوية والحركة الروحانية التي عهدها في أرض الوطن.

ولم ينفرد القروي بهذا التذمر والنقمة على المادية الغربية، بل يشاركه جميع اخوانه المهاجرون الذين ضاقوا بتلك الحياة، وفلسفتها واخذوا ينشدون حياة أكثر هدوءا وراحة وأمنا. فهذا ميخائيل نعيمة يتخيل بلادا محجوبة حياتها أفضل من تلك البلاد المزدحمة، والمتعبة فيصحب نفسه إلى ما تخيله من بلاد الهدوء والسعادة فيقول في قصيدته "البلاد المحجوبة":

هو ذا الفجر فقومي ننصرف   عن ديار ما لنا فيها صديق
ما عسى يرجو نبات يختلف   زهره عن ورد وشقيق
وجديد القلب أنى يأتلف   مع قلوب كل ما فيها عتيق
يا بلادا حجبت منذ الازل   كيف نرجوك من أي سبيل
أي قفر دونها، أي جبل   سورها العالي ومن منا الدليل
أَسَراب أنت أم أنتَ الأَمل   في نفوس تتمنى المستحيل
يا بلاد الفكر يا مهد الألى   عبدوا الحق وصَلوا للجمال
ما طلبناك بركب أو على   متن سفين أو بخيل ورحال
لست في الشرق، ولا الغرب ولا   في جنوب الأرض أو نحو الشمال
لست في الجو ولا تحت البحار   لست في السهل ولا الوعر الحرج
أنت في الأرواح انوار ونار   إن في صدري فؤادي يختلج[1]

---

(١) بلاغة العرب: ص٤٥.

الجامعة الأمريكية في بيروت والتي قامت على تأسيسها إرسالية بروتستانتية سنة ١٨٦٦م.

وجامعة القديس يوسف اليسوعية في بيروت أيضا وأسست سنة ١٨٧٤[١].

وكان لزيارة امبراطور البرازيل "الدون بدور الثاني" لفلسطين ولبنان، وعقد معاهدة تبادل الهجرة سنة ١٨٧٧ [٢] بين البلدين أثر كبير في تشجيع عدد كبير من الشبان للهجرة إلى البرازيل لا سيما وان امبراطورها - وهو يتقن العربية - سهل لهم طريق الهجرة.

٧- الثورة العربية في مصر كانت سببا في فرار المجموعة التي التجأت إلى مصر على أثر مذابح سنة ١٨٦٠، إلى بلاد الأمريكيتين.

وهناك سبب لا يقل أهمية عن الأسباب التي ذكرناها بل يعتبر من أكثرها فعالية وهو الغيرة التي دَبت في قلوب الشبان الذين لم يهاجروا عندما رأوا المهاجرين العائدين إلى الوطن بالأموال. والثروات الطائلة. فأرادوا أن يكونوا مثلهم فطرقوا أبواب المهاجر، والأمل يداعب أحلامهم بالحصول على الثروات والأموال الكثيرة.

كل هذه الأسباب مجتمعة دفعت تلك العناصر الشابة للهجرة - على موجات متتالية - إلى العالم الجديد، أمريكا الشمالية والجنوبية، وكانت هذه

(١) ايليا أبو ماضي شاعر المهجر الأكبر، ص١٦.

(٢) نفس المرجع، ص١٧.

الموجات تزيد كل عام إلى أن بلغت قمتها في سنة ١٩١٣ حيث دخل أمريكا الشمالية وحدها في ذلك العام "٩٢١٠" [١] من المهاجرين السورين وحدهم.

وأول مهاجر عربي طرق أبوب أمريكا الشمالية للإقامة فيها هو انطون البشعلاني اللبناني الذي هاجر سنة ١٨٥٤ ومات فيها سنة ١٨٥٦م.

ثم تبعه أفراد من سوريا ولبنان وأقدم اديب اتصل بنا خبر هجرته هو ميخائيل رستم والد الشاعر أسعد رستم وبعده الدكتور لويس صابونجي الذي يعتبر من اوائل المهاجرين الذين نزلوا امريكا سنة ١٨٧٠ وهو صاحب ديوان النحلة[٢]

فكان العبء الأكبر على عاتق الرعيل الأول من المهاجرين الشبان الذين يمتلكون المواهب والقدرات الفنية، والأفكار العميقة، والأخيلة الواسعة الخصبة التي في مقدورها أن تقدم خدمة جليلة للأدب العربي الذي يقاسي الضعف والهوان تحت ظل الدولة العثمانية التي كانت السبب في انتكاسته وعثرته.

لذلك رأوا أن من الواجب عليهم أن يأخذوا بيد لغتهم وأدابها ويقيلوا عثرتها ومصيبتها التي ألمت بها ولو من باب رد الجميل الذي غمرتهم به.

وكما نعلم إنَ هؤلاء الشبان هاجروا عن أرض الوطن مرغمين على غير أرادتهم فرارا من بطش الدولة العثمانية وظلمها، وتنفيذا لرغبات المستعمرين الذين كانوا يحرضونهم على التمرد. فكان الحقد يملأ صدورهم

---

(١) شعراء الرابطة القلمية، ص٥٤.

(٢) ادبنا وادباؤنا، ص ١٨.

على أصحاب السلطة الذين أورثوا بلادهم الفوضى والفساد، والإنحطاط، والذل والهوان، والفقر الذي خيم على الناس الذين لم يجدوا أمامهم مهربا غير الإذعان وتنفيذ الأوامر واطاعتها اطاعة عمياء دون مناقشة أو اعتراض.

ولم تكن الناحية الثقافية والأدبية أصلح حالا من بقية مظاهر الحياة المتدهورة فقد تسرب إليها الفساد والجمود والإنحطاط هي الأخرى.

فأصبحت الأشعار عبارة عن قصائد تدبج وتصاغ خصيصا في اغراض المدح المتصلة بأصحاب السلطان وأولياء الأمور في الدولة، فهي تمجيد وتفخيم لحضرة صاحب المقام وإشادة بطريقة حكمه الرشيدة مع المبالغة الكاذبة، لأن الشعراء انفسهم يعرفون الحقيقة التي يعاني من جرائها أبناء الشعب، ولكن الظروف تحتم عليهم أن يسيروا في هذا المنطلق من النفاق والتزييف، الأمر الذي يدفعهم لقلب الحقائق، وطمس معالمها وكانت هذه من أبرز الصفات للإنتاج الأدبي وهي نكسة وانحطاط للأدب العربي عامة. فالمواضيع الشعرية لا تتعدى كونها في المدح، والرثاء، والفخر، والمناسبات وهي أغراض موروثة استخدموها من أجل النفاق لدى أولي الأمر، ومما زاد الأمر سوءا انزلاق الشعراء في مهاوي التصنع والتكلف المقيت الذي جرَهم إليه الإكثار من استعمال المحسنات البديعية والزخارف اللفظية التي توجه الانظار إلى الصورة الشكلية دون المضمون. فالأساليب ركيكة والأفكار تكاد تكون معدومة، والمعاني تافهة، علاوة على تلك الأنماط الشعرية التي تتطلب جهدا فكريا في حل الغازها وتواريخها.

وكذلك النثر اصبح رصفا للألفاظ المسجوعة دون أفكار مفيدة.

وهكذا كانت الفوضى تعم كـل معـالم الحيـاة المختلفـة، وبالمثـل كانـت ثورة هـؤلاء المهاجرين ثورة عارمة وعامة على كل التقاليد؛ ومن بينها الشعر العربي.

لذلك أخذوا يعدون العدة ويجهزون الأسلحة التي ينطلقون من خلالها في ثورتهم على تلك المفاسد. فأخذوا يؤسسون المنتديات، والجمعيات التي تكون مراكزا لتجمعهم في المـوطن الجديد ليتفقوا فيما بينهم على ما يتخذونه مـن قـرارات، وبالتـالي أخذوا في إنشـاء الصـحف والمجلات، لتكون مسرحا لأفكارهم وآرائهم وسنعقد فصلا خاصا بهـذه الصـحف والجمعيـات الأدبية لنرى الأثر الفعَال لها في خدمة الأدب العربي عامة والشعر خاصة.

وفي ختام هذا الفصل نرى أن اهم أسباب الهجرة يرجع إلى جمـع المـال والغيرة التي تنتج عنه ثم ما قامت به الإرسـاليات الأجنبيـة التـي تعتبـر الأصـابع المحركـة لهؤلاء الشبان للوقوف في وجه الخلافة العثمانية التي كانت تعمل علـى إرضائهم ومعـاملتهم المعاملـة الحسنة أكثر من المسلمين. وأن حدثت بعض الإساءات اليهم فهي أعمال فردية يستغلها بعض الكتـاب لإلصـاق الـتهم بالسـلطان عبد الحميد ومحاولـة الطعـن في الإسـلام. والحقيقـة إنَ السلطان عبد الحميد بريء من تلـك الـتهم الظالمة التي نسبَت إليـه مـن جمعيـة الاتحـاد والترقي المتطرفة في مبادئها، وقد نجحت في مهمتها وخلعت السلطان عبد الحميد لأنه رفـض أن يسير على مبادئها، وحسب أهوائها لانشاء وطن قومي لليهود في فلسطين.

الفصل الثالث
المهاجرون بين المادية الغربية والروحانية الشرقية

.

الفصل الثالث

المهاجرون بين المادية الغربية والروحانية الشرقية

بعد أن وقفنا على الدوافع الأساسية التي كانت وراء هجرة تلك النخبة من الشبان إلى بلاد الأمريكيتين وارجعناها إلى طلب الحرية، والمال، والعيشة الكريمة.

فالي أي مدى طابقت احلامهم الواقع الجديد؟

لقد تركوا أوطانهم ترهقها المظالم وتعمها المفاسدَ التي اثقلت كاهل ابناء الشعب الذين هربوا إلى العالم الجديد ليمارسوا فيه حريتهم وينعموا بديمقراطيته التي طالما تطلعوا إلى التمتع بها والعيش في ظلها لا سيما وأنهم افتقدوها في أوطانهم فترة طويلة. لذلك وجدوا في العالم الجديد متنفسا رَحبا ومجالا فسيحا انطلقوا فيه من تلك القيود التي كبلتهم في أوطانهم وسلبتهم حرياتهم.

فلا عجب إذا رأينا أثر البيئة الجديدة ينعكس على أحاسيس ومشاعر هؤلاء المهاجرين الذي كثيرا ما تغنوا بالحرية وبالديمقراطية الغربية في أشعارهم وأثارهم الأدبية، فهذا امين الريحاني يقف أما تمثال الحرية القائم على أبواب العالم الجديد ويخاطبه قائلا:

"متى تحولين وجهك نحو الشرق أيتها الحرية؟ ايتأتي أن يرى المستقبل تمثالا للحرية بجانب الأهرام؟ أممكن أن نرى لك مثيلا في بحر الروم، أيتها

الحرية؟ متى تدورين مع البدر حول الأرض لتنيري ظلمات الشعوب المقيدة والأمم المستعبدة" (١)

ويقول في موطن آخر يصف الحرية:

"عرفتها في بلاد الغربة صغيرا، وعشقتها شابا، وعبدتها كهلا، وأصبحت حياتي منزلة ذات الحب والحكمة والحنان وكانت أول من أشعل في طريقي مصباح الفكر وأول من هداني إلى مروج الخيال" (٢)

فالريحاني يتمنى أن تنتقل الحرية إلى الشرق كي تَبددَ معالم الظلم والفساد وتشيع فيه الأمن والطمأنينة، ويقول: إنه عرفها في بلاد الغربة، وكانت ملهما وهاديا له إلى الفكر والخيال واليقين.

والواقع إن المهاجرين لم يجدوا الطريق أمامهم مفروشا بالورود، فقد كان صعبا وشاقا خاصة أنهم باعوا كل مايملكون في أرض الوطن الجديد فبدأت المصاعب تتكشف لهم. فبعد أيام من وصولهم نفذت النقود التي معهم فماذا يفعلون في بلاد لا صديق لهم فيها ولا رفيق!؟ عندما صدمهم الواقع المرير بقسوته وجبروته فالحياة تقوم على الأسس المادية والتكالب عليها فهل يرجعون يجرون أذيال الخيبة والفشَل !؟ أم يذيبوا انفسهم في ذلك المجتمع ويقاسموه زحامه، وتكالبه على المادية. فهذه الأفكار أخذت تتصارع في داخل أنفسهم. وبالتالي فقد تغلب الأمر الثاني وهو عدم الرجوع. والانغماس في المجتمع الجديد لأنهم ما خرجوا من ديارهم مفارقين الأهل والأحباب والظلم ليعودوا إليه ثانية. بالإضافة إلى افتقارهم لمصاريف السفر والعودة.

---

(١) مناهل الأدب العربي جـ٥ ص١٠.

(٢) بلاغة العرب، ص١٠٨.

لذلك تحملوا مسئولية أنفسهم فاعدوها لخوض معركة الحياة الجديدة التي يستطيعون من خلالها الحصول على ما يمكنهم من مواصلة عيشهم فشمروا عن سواعد الجد والكفاح والصبر،فأخذوا يتحايلون على تخليص القرش بطرق غريبة ووسائل لم يعهدوها في وطنهم فظهرت بينهم مهنة "الكشه" وهي عبارة عن صندوق من الخشب أو الحديد مربوط بسير من الجلد يعلق في رقبة البائع المتجول بعد أن يضع فيه المشابك والدبابيس والعطور والأمشاط وغيرها من البضائع الخفيفة التي تحتاجها ربات البيوت، فكان الواحد منهم يطوف على المنازل طارقا أبوابها عارضا سلعه بالإيماء والإشارة على ربات البيوت" (١)

وكان البعض الأخر يمتهن الخدمة في البيوت ومسح الأحذية على الأرصفة وشيالا للأمتعة في المحطات.

فكانت الغربة في بادئ أمرها قاسية على هؤلاء المهاجرين وخاصة الرعيل الأول منهم الذين لم يذوقوا طعم السعادة إلا بعد استقرارهم فترة من الزمن حيث اصبح لهم رصيد من المال الذي جمعوه بعرق الجبين.

وما كان أحد منهم يتصور أنه سيمارس هذه المهن التي كان يترفع عنها في بلاده والتي أخذ يبحث عنها وما يكاد يحصل عليها في بلاد المهجر.

كل هذا أخذ يقلب مفاهيم المهاجرين الذين قارنوا بين الروحانية الشرقية التي تسود في أوطانهم، وبين المادية والغربية بزحامها وضجيج آلاتها.

---

(١) ادبنا وادباؤنا، ص ٣٠.

فظهرت آثار تلك المقارنات والموازنات في أشعارهم ونتاجهم الأدبي الذي يعج بالحنين إلى الوطن الأم، وجمال الحياة فيه، وبالشكوى من الحياة المادية وقساوتها.

فهذا الشاعر القروي يقول في مقدمة ديوانه الأعاصير:

"نحن بين غربة تدمي قلوبنا وجهاد يدمي أقدامنا، وحرمان يدمي عيوننا كأنما نحمل جراحاتك ونحس أوجاعك ونذرف عبراتك، نحن مثلك أيتها الأم اليائسة، نحن مثلك يالبنان الحبيب غارقون في الدموع والدماء فلا ننساك" (١)

فرشيد الخوري يعبر عن الواقع المرير الذي يعيشه أبناء المهاجر في تلك البلاد الغريبة التي يعانون على أرضها الحرمان، والشقاء، فهم مثل وطنهم لبنان الذي يعيش نفس الظروف القاسية، ونراه يصف حياته في تلك البيئة الجديدة شعرا ويقول:

ناء عن الأوطان يفصلني	عمَن أحب البَر والبحر
في وحشة لا شيء يؤنسها	الا أنا والوجد والشعر
حولي أعاجم يَرطنون فما	للضاد عند لسانهم قَدر
ناس ولكن لا أنيس بهم	ومدينة لكنها قَفر (٢)

فهو بعيد عن أرض الوطن، وعن الأحباب يعيش في وحشة، وحزن بين أناس لا تتفق طبيعته، وطبائعهم ورغم أنه يعيش في المدينة بين زحام الناس

---

(١) مقدمة ديوان الأعاصير، ص ١٥.

(٢) ديوان القروي - ص٥٧.

إلا أنه يشعر بالوحدة في تلك المدينة التي تشبه القفر في خموله وسكونه وذلك نـابع من الحيوية والحركة الروحانية التي عهدها في أرض الوطن.

ولم ينفرد القروي بهذا التذمر والنقمة على المادية الغربية، بل يشاركه جميع اخوانـه المهاجرون الذين ضاقوا بتلك الحياة، وفلسفتها واخذوا ينشدون حياة أكثر هـدوءا وراحـة وأمنا. فهذا ميخائيل نعيمة يتخيل بلادا محجوبة حياتها أفضل من تلك البلاد المزدحمة، والمتعبة فيصحب نفسه إلى ما تخيله من بلاد الهدوء والسعادة فيقول في قصيدته "البلاد المحجوبة":

هو ذا الفجر فقومي ننصـرف   عن ديار ما لنا فيها صديـق
ما عسى يرجو نبات يختلـف   زهره عن ورد وشقيـق
وجديد القلب أنى يأتلـف   مع قلوب كل ما فيها عتيـق
يا بلادا حجبت منـذ الازل   كيف نرجوك من أي سبيـل
أي قفر دونها، أي جبـل   سورها العالي ومن منا الدليل
أَسَراب أنت أم أنتَ الأمـل   في نفوس تتمنى المستحيـل
يا بلاد الفكر يا مهد الألـى   عبدوا الحق وصَلوا للجمـال
ما طلبناك بركب أو علـى   متن سفين أو بخيل ورحـال
لست في الشرق، ولا الغرب ولا   في جنوب الأرض أو نحو الشمال
لست في الجو ولا تحت البحار   لست في السهل ولا الوعر الحرج
أنت في الأرواح انوار ونـار   إنَ في صدري فؤادي يختلـج[1]

---

(١) بلاغة العرب: ص٤٥.

فنرى ميخائيل نعيمة عندما حاول الهروب من الضجيج والزحام وعالم المادية إلى تلك البلاد التي تصور أنه سيجد فيها السعادة والأمن والهدوء، وصل إلى حقيقة أن البلاد التي تخيلها، وبحث عنها في كل مكان ما هي إلا وهم وخيال.

ومثل نعيمة نجد إيليا أبا ماضي الذي تبدل رأيه في المهجر بعد أن صدم بقساوة الغربة وعقباتها. فبعد أن كان يحرض على الهجرة لصيد اللؤلؤ المكنون وإن الذين لم يهاجروا عبارة عن حشرات تزحف على الأرض وهو وأصحابه من المهاجرين نسور تحلق في السماء، ولا ترضى بالقليل يقول في وصف المهاجرين:

نحن في الأرض تائهون كأنا ... قوم موسى في الليلة الليلاء

ضعفاء محقرون كأنَا ... من ظلام والناس من لألاء

واغتراب القوي عز وفخر ... واغتراب الضعيف بدء الفناء

فهذه الصورة تدعو إلى الإشفاق على هؤلاء المهاجرين، فلسان حالهم ينطق بحالة البؤس والشقاء والتيهة الذي ضاعوا فيه، والذل والهوان الذي يواجهونه كأنهم هربوا من الظلم، إلى معاناة أشد حدة، عندما اصطدموا بمادية الغرب والضجيج والزحام فيه. فهذا جبران خليل جبران يوازن في مقاله (مناجاة الأرواح) بين صباح في وطنه، ومثله في ارض المهجر، فيقول:

"قد جاء الصباح يا حبيبتي وداعبت أصابع اليقظة أجفان النيام، وفاضت الأشعة البنفسجية من وراء الجبل، وأزالت غشاء الليل عن عزم الحياة ومجدها فاستفاقت القرى المكتئبة بهدوء وسكينة على كتفي الوادي، وترنمت أجراس الكنائس وملأت الأثير نداء مستحبا معلنة بدءَ صلاة الصَباح، فأرجعت الكهوف صدى رنينها، كأن الطبيعة قامت بأسرها مصلية وقد غادرت العجول. مرابضها، وتركت قطعان الغنم حظائرها، وأنثنت نَحو الحقول ترتعي رؤوس الأعشاب المتلمعة بقطر الندى، ومشى أمامها الرعاة ينفخون الشبَابَات وراءَها الصبايا المتأهلات مع العصافير بقدوم الصباح".

وقال في وصف طلوع الفجر على بلاد الغرب، بقوله:

"وقد جاء الصباح يا حبيبتي، وانبسطت فوق المنازل المكدسة أكف النهار الثقيلة فازيحت الستائر عن النوافذ، وانفتحت مصاريع الأبواب؛ فبانت الوجوه الكالحة والعيون المعروكة وذهب التعساء على المعامل، وداخل اجسادهم يقطن الموت في جوار الحياة. ما أجمل الحياة هاهنا يا حبيبتي فهي مثل قلب الشاعر المملؤ نوارا ورقة، ما أجمل الحياة ههنا يا حبيبتي فهي مثل قلب المجرم مفعم بالأثم والمخاوف" [(١)]

فجبران خليل جبران يَرسم صورة ناطقة لروحانية الشرق بكل ما فيها من بساطة وجمال وهدوء وأمن، وفي الوقت نفسه يصور المادية الغربية بصورة قاتمة تدعو إلى النفور والاضطراب، حقا فهي كقلب المجرم المفعم بالأثم والمخاوف. ولقد كان بارعا في اختيار الألفاظ الموحية المعبرة أحسن التعبير عما أراد ابرازه من مكنون نفسه من حقد، وكراهية لتلك الحياة البالغة التعقيد

(١) بلاغة العرب، ص٤٩.

في تكالبها على المادية، وتصارعها عليها. فالمادة هي الأساس وعصب الحياة. فمن هنا كانت نقمة المهاجرين على تلك الحياة التي اكتووا بنارها وخاضوا غمارها بادئ أمرهم. فكانوا يعملون تحت أقسى الظروف وأصعبها بنفوس صابرة ومكافحة. فهذا الياس فرحات يصور لنا قصة كفاحه وجهاده مع الحياة ومشتقاتها، فيقول في قصيدته تحت عنوان "حياة مشقات" (١)

طوى الدهر من عمري ثلاثين حجة ... طويت بها الأصقاع أسعى وأدأب
ومركبة للنقل راحت يَجرها ... حصانان محمر هزيل وأشهب
لها خيمة تدعو إلى الهزء شدها ... غرابيل أدعى للوقار وأنسب
جلست إلى حوذيها راءنا ... صناديق فيها ما يسر ويعجب
حوت سلعا كل نوع يبيعها ... فتى ما استحل البيع لولا التَغرب
نبيت بأكواخ خَلَت من أناسها ... وقام عليها البوم يبكي ويندب
وَمَأكَلنا مما نصيبه، وطالما ... طَوَينا لأن الصَيدَ عنا مَغَيَب
ونَشرَب مما تشرب الخَيل تارة ... وطورا تعاف الخيل ما نَحن نَشرَب
حياة مشقات.. ولكن لبعدها ... عن الذل تصفو للأبي وتعذب
وأرهب قطاعَ الطريق... وربما ... تعمدت إظهارَ السلاح ليرهبوا
فعز الفتى الطاوي الفيافي مَسَدَس ... كما إنَ عز الليث ناب وَمخلَب

فشاعرنا رضي هذه الحياة ومشقاتها في سبيل التحرر والكرامة وإباء النفس، ومما نلاحظه أن حياتهم رغم متاعبها، فإنها محفوفة بالمخاطر الأمر الذي يدعو المهاجر لأن يقتني سلاحا يدافع به عن نفسه ضد العصابات واللصوص وقطاع الطرق. فالحرية لم تكن تامة كما تصورا البعض، فالحركة

(١) ديوان فرحات، ص ٢٦٥.

في المهجر مشروطة باتخاذ العدة والحذر الشديد. وإلا فسيكون مصير المهاجر الموت. ومثل الياس فرحات رشيد الخوري في قصيدته "السوري التائه" التي يستهلها في الحنين إلى وطنه، ثم بالشكوى من البيئة التي يعيش فيها، ومن متاعب مهنة "التجوال" التجارية الشاقة، فيقول:

تـــروم بمهنـــة التجـــوال مـــالا وحظـــك والغنـــى مـــاء ونـــار
لـــك الأســـفار والأخطـــار منـــها وللغـــير الإقامـــة والنضـــار
فكـم مــن يقظــة لــك في الــدياجي تقضيـــ قبلهـــا نـــوم غـــرار
وفي أذنيـــك صـــوت مستمـــر وفي أذنيـــك صـــوت مستمـــر
فتـــنهض تحـــت رحمـــة زمهريـــر لـــه في وهجـــة الشـــمس اعتكـــار
ولـــو خـــيرت لم أهجـــر بـــلادي ولكـــن لـــيس في العـــيش اختيـــار[1]

وإن كانت هذه حياة مهاجري الجنوب فحياة مهاجري الشمال لم تكن أفضل من حياة إخوانهم، فهذا مسعود سماحة من شعراء المهجر الشمالي يصف حياة المهاجر في قصيدته "المهاجر وحياته"

كـم طويـت القفـار مشـيا وحملـي فـوق ظهـري يكـاد يقسـم ظهـري
كـم قرعـت الأبـواب غـير مبـال بكـلال، أو قـرب فصـل وحـر
كـم وَلَجـت الغـابات والليـل داج وومـيض الـبروق شمسيــ وبـدري
كـم توسـدت صـخرة وذراعـي تحـت رأسي وخنجـري فـوق صـدري
كـم توغلـت في الـبراري وقلبـي ســابح مثـل زورَق في نهـــر

(١) ديوان القرويات ص٥٣.

كـم تعرضـت للعواصـف حتـى ... خلـت أن الثلـوج في القفـر قبـري[1]

هذه هي حياة الرعيل الأول من المهاجرين، وهذه قصصها بكل ما فيها من متاعب ومشقات تدعو للعطف، والشفقة عليهم مع التقدير والإحترام لكفاحهم، وجدهم وصبرهم على كل ما صادفهم من عقبات أضنت قلوبهم وأسالت قرائحهم الشعرية فابرزوا مشاعرهم وأحاسيسهم في قوالب شعرية تتسم بالعاطفة الصادقة، فكلهم يتمتعون بالصَبر وقوة الاحتمال للشدائد في سبيل الحياة الشريفة. وكلهم متكاتفون متعاضدون فنرى نسيب عريضة يحاول أن يخفف عن إخوانه فيدعوهم للتجلد والصَبر، فيقول في قصيدة "يا أخي":

يا أخي يا رفيق عزمي وضعفي ... سر نكابد إن الشجاع المكابد
فإذا ما عييت تسند ضعفي ... وأنا بعد ذا لضعفك ساند
فبشر قم لكي نخط طريقا ... لأباة الهوان عند الشدائد
فلنسر في الظلم في القفر في الوحـ ... شة في الويل في طريق المجاهد[2]

ومهما يكن من شيء فلا أحد ينكر أنَ شعراء المهجر استطاعوا أن يثبتوا وجودهم في تلك الديار وينتزعوا حق الاعتراف بنشاطهم وجدهم، وكفاحهم أمامَ مختلف الظروف القاسية التي مروا بها بادئ الأمر وامتهان تلك المهن التي لا تليق بمقامهم لولا الضرورة التي حكمتهم في التجول. إلا ان هؤلاء الباعة

(١) ديوان مسعود سماحة: ص٣٣.

(٢) مناهل الأدب العربي: جـ٣٠ ص٢٨.

المتجولين ما لبثوا أن أصبحوا يمتلكون الدكاكين، والمتاجر الضخمة التي أخذوا يطلقون عليها الأسماء الشرقية وأصبح المال في أيديهم فبنوا العمارات الضخمة، والفنادق، والمصانع التي تدر عليهم الأرباح الطائلة لدرجة أن أصبح لهم شوارع بأسمائهم، ولكن الحظ لم يسعف الجميع فبينما نرى التوفيق حالف قلة من المهاجرين إلا ان الأغلبية بقيت تعيش حالة البؤس والحرمان فيسكنون الأكواخ ويتجولون "بالكشة" وأقرب مثل على ذلك الشاعر المدني قيصر سليم الخوري الذي كان يسكن مع زوجته وأولاده في كوخ صغير وحقير، فلم يستطع مغادرته لانه لا يملك المال لاستئجار ما هو أفضل منه، ولأن صاحبه يتمهل عليه في أخذ الايجار منه فيقول يصف ذلك الكوخ في قصيدته التي سمَاها "الطلل المأهول":

ولي بيت تطوف به العوادي ... وتنشر في جوانبه الدَمارا
أجول الطرف فيه ولست أدري ... أأحذر منه سقفا أو جدارا
اداريه محاذرة، فروحي ... وروح بني في كنف المدارى
هوى من سقفه نصف ونصف ... تمسك بالدعائم واستجارا
إذا ما الريح هبَت من يمين ... عليه زويت أولادي يسارا
يساند بعضه اكتاف بَعض ... فيضحك من تسانده السكارى
شقوق من تطلع من بعيد ... يرى بيتا وأبوابا كثارا
فمنها ما تعلى أو تدنى ... ومنها ما استطال وما استدارا
أغافل إن نضوت به ثيابي ... كأن السَر معروض جهارا
أعيش وزوجتي فيه كأني ... من العزاب وهي من العذارى
يقولون ارتحل عنه ومن لي ... بملاَك يقول دع الأجارا

ولا مـــال لـــدي ولا شبــــاب   فــما حـــالي إذا اســتأجرت دارا[1]

فهذه الصورة المحزنة تعطينا دليلا واضحا على تلك الحياة الشـقية والتعيسة التي كان يعيشها أغلب المهاجرين، وفي نفس الوقت تصور مدى الكفـاح والصَبر علـى مواجهة الصعاب والأخطار، وكل ذلك يرجع إلى الفقر الذي يرغم صاحبه على العيشة الذليلة ويصف جورج صَيدَح ذلك الكفاح الذي يكافحه المهاجر في سبيل جمع المال وإرساله لذويه ليعوضهم عماهم فيه من الظلم والفقر فيقول صيدح يصف المهاجر:

مـــن رآه فـــي المـفـــازات رأى   أسدا يستنجز الغاب طعامه

وله أجنــحـه لنســـر إذا   نفر الرزق وأطراف النعامة

كيف يرتاح، وتذكـار الحمى   كلما اقعده الجـــهد أقامه[2]

وهذه الصورة اجمالية توضح لنا ذلك الصراع القائم - في نفوس المهاجرين - بين البيئة الجديدة بماديتها، وبين البيئة الشرقية بروحانيتها التي تمتاز بالبساطة والرقة والتسامح.

ولو دققنا النظر في نتاج المهاجرين الشعري في الشمال لوجدنا فيه صورا تختلف عـن الصور التي في نتاج الجنوبين.

فمهـاجروا الشـمال وجدوا أمامهم حيـاة اقتصـادية، وفكرية متطـورة أكـثر منهـا في الجنوب فالصناعة هي الطابع المميز للاكتساب، فالكل يصارع من

---

(١) أدبنا وادباؤنا في المهجر، ص١١٧.

(٢) نفس المرجع، ص ٢٠.

أجل استخلاص لقمة العيش بأي ثمن. فهذا الصراع والتكالب على الحياة انعكس على نفوسهم التي اشبعت بالروحانية الشرقية. لذلك كانت نقمتهم على الحياة في المدينة اكبر من نقمة اخوانهم في الجنوب الذين نزلوا في بلاد لا تختلف في طبيعتها عن طبيعة بلادهم الأصلية. فلم يبهروا بالحياة المتطورة كما حدث لأخوانهم في الشمال، الذين وجدوا أنفسهم غرباء عن تلك الديار بكل مظاهرها لذلك فهم إمَا أن ينغمسوا بتلك البيئة، ويتأثروا بها، ويخضعوا لقوانينها وأخلاقها، وينجرفوا أمام تيارها. واما ان ينطووا على انفسهم ويحتفظوا بمكوناتهم الشرقية.

وقد كانت مواجهة الحضارة الغربية لهم بصلفها وكبريائها قمينة بأن يختاروا الاحتفاظ بمكوناتهم الشرقية ثم ليدعموا هذه الرغبة بالبحث عن جذور الحضارات الشرقية وتفهم الأسس الفكرية التي قامت عليها مذاهبها الروحية[1]

أما طبيعة المهجر الجنوبي في كل مظاهر الحياة مألوفة للمهاجرين في بلاد، الشام حتى في عادات أهلها، وتقاليدهم التي لا تختلف كثيرا عن التقاليد العربية. فحضارة الجنوب لم تصل إلى درجة الحضارة في الشمال حيث إنَ الآلة لم تدخل الجنوب وتنتشر فيه انتشارها في الشمال، لأن اعتماد الجنوبين في عيشهم يقوم على الزراعة ، والمتاجرة، مما وفر للمهاجرين أسباب الرزق وفرص العمل فعملوا في استصلاح الأراضي، وفي التجارة التي عادت عليهم بالثروات الطائلة واصبحوا من كبار الأثرياء، وساعدهم على ذلك أنهم كانوا من أوائل الجاليات التي نزلت الجنوب فكانت فرص العمل لهم ميسورة بعد

---

(١) التجديد في شعر المهجر، انس داود، ص ٨٤.

فترة وجيزة من وصولهم. أما مهاجروا الشمال فنزلوا بلادا متقدمـة حضاريا، ووصلـوا متأخرين بعد أن سبقتهم جاليات كثيرة استنفذت فرص العمل التـي كانـت متـوفرة لـذلك قاسوا مرارة العيش، ولم يخلفوا الثروات كإخوانهم الجنوبين، فإذا استثنينا جبران رأينـا كل اعضاء الرابطة القلمية عاشوا فقراء وماتوا فقراء[1] لأنهم لم يجدوا فرصتهم التـي كانوا يحلمون بها.

لذلك لا عجب إذا رأينا ذلك الموقف يولد في نفسهم الحقـد، والكراهيـة لتلك الـديار، فنفثوها اشعارا كلها نقمة وكراهية وأحاديث ومقالات كلها سخط وانتقام.

فكثيرا ما رأيناهم يهربون من ذلك الواقع المحدود بماديته المعقـدة إلى عـالم أوسـع وأرحب، لا تعقيد فيه ولا زيف. فاخذوا يدعون إلى الغاب والطبيعة، حيث الخلود والبسـاطة والأمن، والمساواة وتمثل ذلك في مواكب جبران وقصيدة "تعالي" وفي القفر" لأبي ماض. وغيرهـا من القصائد وكذلك في المواضيع النثرية نرى الريحاني يقول ساخطا على نيويورك ويصفها بمـا يلي:

"احشاؤك من الحديد وفيها عقم، صدرك من الخشب وفيه سوسة، فمك مـن النحـاس وعليه صدأة، جبينك من الرخام وفيه جمود، تشربين ذوب الإبريـز وتـأكلين معجون اللجين، وتنتعلين أجنحة العلم أما قلبك فقار يشتعل"[2]، ومثله يقول جبران خليل جبران مخاطبـا ميخائيل نعيمة، بما ينم عن السخط والنقمة:

(١) نفس المرجع: ص ٥٢.
(٢) ادبنا وأدباؤنا، ص ٢٢٢.

" ميشا، ميشا، نجاني اللـه وإياك مـن المدنيـة والمتمـدنين، ومـن أمريكـا والأمـريكيين ونحن سننجوا بإذن اللـه وسنعود إلى قمم لبنان الطاهرة، وأوديته الهائدة، سنأكل من عنبـه وبقوله، ونشرب من خمره وزيته، وسَنَلعَب عـلى بيـادره، ونسرـح مـع قطعانـه ونسـهر عـلى شبابات رعاته وخرير غدرانه" (١) ومهما يكن بعد هـذا الاسـتعراض للصراع الـذي حـدث في نفوس المهاجرين بين مادية الغرب التي حاولت جرفهم بتيارها، وبـين روحانيـة الشرـق التـي طبعوا عليها. نرى أنهم استطاعوا أن ينصروا الثانية على الأولى ويجعلوهـا طابعـا مميـزا لكـل عمل ادبي ينتهجونه يحدوهم الفخر، والاعتزاز بذكره في كل مناسبة، وهذا دليـل وفـاء الابنـاء لعروبتهم وشرقيتهم، التي رضعوا من لبانها وتنشقوا عبيرها فاصبحت جزءا منهم، ومثلا أعلى لكل ما يطلبونه رغم المدنية التي يعيشـون في ظلالهـا، فإنهـا في نظـرهم صـورة قاتمـة إذا مـا قورنت بصفاء وجمال بلادهم، لذلك كثيرا ما رأيناهم يعبرون عن مشاعرهم تجاه تلك المدنية الكاذبة الخادعة معلنين عن آرائهم الخاصة لأبناء بلادهـم الـذين خـدعوا بالمظـاهر الغربيـة، فهذا ميخائيل نعيمة يخاطب أبناء بلاده بقوله:

"يا أبناء بلادي لا يبهـركم بـرق يلعلـع في عيـون المدنيـة الغربيـة. إنـه لـبرق خلـب، لا يهولكم رعد يزمجر في صدرها، إنـه لحشرـجة المـوت، ولا يحـزنكم أن لا علـم لكـم يخفـق في مقدمة أعلام الأمم فـإنني لسـت أرى بـين تلـك الأعـلام علـما لا أثـر فيـه للـدم والاغتصـاب، والتهويل والإرهاب. بلادكم بلاد وحـي وجـمال، فلـيكن مـا تقدمونـه لإخـوانكم النـاس وحيـا وجمالا" (٢) فهذه الصورة

---

(١) جبران خليل جبران، ميخائيل نعيمة ص ٢٠٧.

(٢) مناهل الأدب العربي: ميخائيل نعيمة، جـ٢ ص٧٦.

الواضحة تـبرز الفـرق الواضـح بـين المدنيـة الغربيـة وتعقيـداتها والروحانيـة الشرقية بجمالها، وبساطتها، وهذه صورة راسخة في قلوب، وعقول شعراء المهجر الـذين لمسـوا الواقع بأنفسهم، وخرجوا بتلك الانطباعات عن تجربة ذاتية صادقة.

الباب الثاني
نشاطهم الأدبي وأثره في اتجاههم الشعري

الفصل الأول
التنظيمات والجمعيات الأدبية
وصحفها وأثرها في الأدب

الفصل الأول
التنظيمات والجمعيات الأدبية
وصحفها وأثرها في الأدب

بعد أن شاءت الأقدار أن تُشرد تلك المجموعة من الشبان هربا من الظلم والاحتقار الذي وقعوا تحت رحمته؛ فمنهم من اتجه إلى مصر وأقام فيها يعمل في الصحافة، ومنهم من اتجه إلى بلاد الأمريكيتين، وفي كلتي الحالتين ينشدون الحرية والأمان.

وما أن وصلوا إلى البلاد الجديدة حتى أخذوا يفكرون بطريقة تساعد على تجمعهم، وتوحدهم فاهتدوا إلى إنشاء مكان يلتقون فيه - في شارع واشنطن بمدينة نيويورك-.

ففي هذا المكان يطرحون مشاكلهم في المهجر ومشاكل ذويهم في الوطن الأم، كي يصلوا إل الحلول المناسبة لها لا سيما وهم أبناء طائفة واحدة، ولغة واحدة؛ تجمعهم عادات وتقاليد شرقية موروثة عن الآباء والأجداد، وكلهم يتوق شوقاً ويذوب عاطفة وحنينا لوطنهم، وأهلهم الذين تركوهم في حالة تستحق العطف والإشفاق من الأبناء.

فالفقر، والجهل، والفساد يخيّم على الناس بينما خيرات الوطن أصبحت نهبا للمستعمرين وأصحاب السلطة الاستبدادية.

كل ذلك ولّد في نفوس الأبناء الأبرار شعوراً بأنَّهم أمام واجب عليهم أن يمارسوه تجاه ذويهم وأبناء جلدتهم، وكيف تكون ممارسة ذلك الواجب الملقى على عاتق الأبناء في خدمة وطنهم، وأهلهم، وهم في بلاد الغربة

البعيدة في حين أنه لم يربطهم بذويهم في أرض الوطن، غير الرسائل التي كانوا يُحمِّلونها أحاسيسهم الصادقة ومشاعرهم الجياشة.

ولكن هذه الوسيلة لم تكن كافية للتعبير عن بنات أفكارهم مما دفعهم للاهتداء إلى تأسيس الوسائل الإعلامية الأكثر كفاءة وإمكانية.

وقبل تأسيس تلك الوسائل الإعلامية رأوا أن يُوحدوا أنفسهم أولاً، ويوحدوا كلمتهم التي يرسلوها عبر نتاجهم الأدبي. فأسسوا الجمعيات الخيرية، والدينية والثقافية بالإضافة إلى النوادي الرياضية. وكانت مهمتها التعارف بين المهاجرين في الوطن الجديد، وتقديم المساعدة لمن يحتاج إليها منهم، وبالتالي إيجاد اتصال بين المهاجرين في الأمريكيين.

ومن أبرز تلك الجمعيات واقدمها: "الجمعية السورية المتحدة" [(١)] التي تأسست سنة ١٩٠٧م. وجمعية المنتدى السوري الأمريكي التي أسست سنة ١٩٠٨م وهما في نيويورك. وفي سنة ١٩٢٧م اتحدت المؤسستان تحت اسم "مؤسسة السوريين الأمريكيين".

وفي سنة ١٩١١م ظهرت في نيويورك "عصبة التقدم اللبناني" التي أسسها نعوم مكرزل صاحب مجلة "الهدى" وكان لها أثر كبير في مناصرة حركة لبنان الثورية وتحريرها سياسياً.

وكذلك "جمعية السيدات السوريات للإسعاف" أسست سنة ١٩٠٧م في نيويورك، "والجمعية التهذيبية السورية" التي أُسِّست سنة ١٩١٦م وكانت مهمتها تقديم المنح المالية للطلاب العرب.

---

(١) الناطقون بالضاد، ص٨٨

وهكذا كانت غاية هذه المؤسسات تدور حول الناحية الاجتماعية وخدمتها وهي لا تخرج عن نطاق المهاجرين أنفسهم، والاهتمام بشؤونهم الخاصة.

ولكن الواجب يحتم عليهم أن يخدموا أهلهم، وأوطانهم أيضاً فكيف تكون الخدمة وهم لا يملكون إلا المال والأفكار. لذلك كانوا يَمُدُون أهلهم بالأموال وبالآراء والأفكار التي أسسوا لها ميدانا يتمثل بالجمعيات الأدبية والصحف والمجلات التي تحمل وجهات نظرهم البناءَة. وكان لصحفهم دور هام في المطالبة بالإستقلال عن الحكم التركي بالإضافة إلى أنها كانت حلقة اتصال -من الناحية الأدبية- بين المهاجرين أنفسهم في الشمال والجنوب، وبين الوطن الأم.

وكانت أول صحيفة غربية نشأت مع ظهور أول جالية سورية سكنت في شارع واشنطن في الولايات المتحدة الأمريكية تحت اسم "كوكب امريكا" وذلك سنة ١٨٩٢م [١] ومنها من قال بالتاريخ الذي اثبتناه معتمدا في ذلك على كتاب: تاريخ الصحافة العربية لفيليب طرازي وهو ثقة ص٣٣، الجزء الأول وهي جريدة أسبوعية تحولت فيما بعد إلى جريدة يومية كان أصحابها الدكتور نجيب عربيلي، وأخوه إبراهيم عربيلي.

ثم جريدة "الهدى" التي أسسها نعوم مكرزل سنة ١٨٩٨م في مدينة فيلادلفيا ثم انتقلت إلى نيويورك، وكانت شهرية ثم تحولت إلى نصف

---

(١) اختلفت الآراء في سنة تأسيسها فمنها من قال إنها أسست سنة ١٨٨٨ كما ورد في كتاب الناطقون بالضاد وأدبنا وأدباؤنا ص٢١،

أسبوعية، وبعد موت نعوم مكرزل سنة ١٩٣٢م أدارها أخوه سليم مكرزل الذي أسس جريدةً أخرى باسم "بريد أمريكا" وكان له نشاط ملحوظ في عالم الصحافة فأسس "مجلة العالم الجديد" ثم "المجلة التجارية" وقد أوقفها سنة ١٩٢٧م ليقوم بأعباء مجلته الإنجليزية "العالم السوري"، التي أسسها سنة ١٩٢٦م وكان الهدف منها خدمة أولاد المهاجرين ليعرفهم بوطنهم الأصلي، بالإضافة إلى خلق ارتباط بين الشعب السوري والشعب الأمريكي. ومجلته "الوطنية" التي أسسها سنة ١٨٩٩م وهناك مجلة "مرآة الغرب" لصاحبها موسى دياب الذي أسسها سنة ١٩٨٨م ومجلة "الفنون" لأصحابها نسيب عريضة ونظمي نسيم وأسست سنة ١٩٢٣م وهي مجلة علمية أدبية واجتماعية.

وجريدة "السائح" لصاحبها عبد المسيح حداد التي أسسها سنة ١٩١٢م، وكانت في نيويورك وهي أدبية نصف أسبوعية.

ومجلة "السمير" لإيليا أبي ماضي وأسسها سنة ١٩٢٩م.

ومجلة "العالم الجديد" لمؤسسها عفيفة كرم وأنشئت سنة ١٩١٢م ولعل أجل عمل قامت به هو إبقاؤها على الروح والثقافة العربية والتراث العربي في قلوب أولئك الذين ابتعدوا بأجسادهم عن الوطن العربي، وما زالوا على صلة به بأرواحهم وعقولهم وعواطفهم[1] هذه هي أهم الصحف والمجلات في المهجر الشمالي والتي كان لها كبير الأثر في خدمة المهاجرين، وأوطانهم، من النواحي السياسية، والاجتماعية والأدبية. فكانت مسرحا رحبا، وميدانا

---

(١) شعراء الرابطة القلمية - نادره السراج، ص ٧٦.

فسيحا، يجيلون فيه أقداح أفكارهم ينقدون ويعللون ويوجهون بآراء وأفكار صائبة.

وكان من أشهر المجلات الأدبية "مجلة الفنون" لصاحبها نسيب عريضة فكانت ملتقى لافكار شعراء المهجر إلا أنَّ هذه المجلة أندثرت وحُلّ عقدها ففقد المهاجرون شيئاً عزيزاً عليهم فعملوا على تعويضها بجريدة "السائح" لصاحبها عبد المسيح حداد وذلك ليحافظوا على استمرار رسالتهم الأدبية والسياسية. وكان مقر جريدة السائح هو المكان الذي يجتمع فيه شعراء المهجر يتناقشون، ويتباحثون في مشاكلهم، ومن خلال تلك الاجتماعات ، والمناقشات انبثقت فكرة إنشاء الرابطة القلمية التي كان لها الفضل الكبير في خدمة الأدب العربي والشعر بخاصة، وذلك خلال ليلة أحياها صاحب جريدة "السائح" واخوانه في بيتة فدار حديثهم حول الأدب، ومشكلاته خاصة في الوطن العربي حيث الركود والجمود والقيود التي تشل حركته وتطوره. ولمعرفتهم بالأثر الذي يحدثه الأدب بشعره، ونثره في خدمة الأمة قرروا أن يبعثوا -في الأدب وبخاصة الشعر- الروح والحياة ويكشفوا عن وجهه القناع الذي طمس محاسنه وقيد حركته بتلك المحسنات البديعية، والزخارف اللفظية، والقيود اللغوية، التي تذهب بنضارته وشبابه وتجعله يتعثر بأذياله.

فالواجب يدعوهم أن يبادروا لانتشاله من قيوده وجموده، وإقالة عثرته ببعث الحياة فيه من جديد.

فاقترح أحدهم فكرة مفادها أن يكون للمهاجرين الأدباء رابطة تضم شمهلم وتجمع قواهم وتوحد مسعاهم. في سبيل خدمة اللغة العربية وآدابها. فقوبلت الفكرة بالاستحسان والتأييد من الجميع الذين قرروا العمل على

تحقيقها وإبرازها إلى حيز الوجود، وكان من بين الأدباء الحاضرين في تلك الجلسة جبران خليل جبران، ونسيب عريضة، ووليم كاتسفليس ورشيد أيوب، وعبد المسيح حداد، وندرة الحداد، وميخائيل نعيمة[1]

وبعد انتهاء الاجتماع اتفقوا على عقد جلسة جديدة ليضعوا النقاط التي يتألف منها دستور رابطتهم وكان موعد الجلسة ٢٨ نيسان (أبريل) سنة ١٩٢٠م في بيت جبران خليل جبران، فعقدت الجلسة وخرج المجتمعون بدستور الرابطة القلمية الذي يتألف من عدة نقاط. وهي:

١-   أن تدعى الجمعية – الرابطة القلمية.

٢-   أن يكون لها ثلاثة موظفين وهم: أ. الرئيس ويدعى العميد وهو جبران خليل جبران. ب. كاتم السر ويدعى المستشار وهو ميخائيل نعيمة. ج. أمين السر ويدعى الخازن وهو وليم كاتسفليس. والبقية أعضاء ويطلق عليهم العمال وهم: ندرة حداد، وإيليا أبو ماضي، ووديع باحوط، ورشيد أيوب، وإلياس عطا الله، وعبد المسيح حداد، ونسيب عريضة.

٣-   أن يكون أعضاؤها ثلاث طبقات: أ. عاملين = عمالا. ب. مناصرين ويكونوا أنصارا. ج. مراسلين.

٤-   أن تهتم الرابطة بنشر مؤلفات عمالها، وترجمة الآداب المهمة من الآداب الأجنبية.

---

(١) جبران خليل جبران – ميخائيل نعيمة، ص ١٧٩.

٥- أن تعطي الرابطة جوائز مالية في الشعر، والنثر، والترجمة تشجيعا للأدباء.

هذه هي النقاط الأساسية التي تألف منها دستور الرابطة القلمية التي أقيمت من أجل خدمة الأدب العربي الذي نظروا إليه من جانب يدور حول خدمة الحياة والتعبير عنها في مختلف جوانبها. وهذه النظرة تختلف عن النظرة للأدب الذي عهدناه في الفترة السابقة لهجرتهم حيث الجمود والخمول. فأرادوا له التطور والانطلاق بحرية تضمن له مسايرة الحياة الحضارية المتطورة، والبحث في النفس الإنسانية للتعبير عن خلجاتها وأحاسيسها، تعبيراً صادقا، ومتى توفرت له الحرية التامة في التعبير يكون أدبا حيًّا نافعاً للإنسانية.

وعلى هذا الأساس وضعوا أهدافهم - ومنها:

"الأدب الذي نعتبره، هو الأدب الذي يستمد غذاءه من تربة الحياة ونورها، وهوائها، ويمتاز بدقة الفِكّر ورِقَةِ الحس".

ويصفون الروح التي تحاول حصر الآداب، واللغة العربية ضمن دائرة التقليد للقدماء في المعنى والمبنى - بأنها سوس ينخر جسم أدابنا، ولغتنا وإن لم تقاوم ستؤدي بها إلى حيث لا نهوض ولا تجديد[1]

من هذا المنطلق أخذت الرابطة القلمية بحزم أعضائها تؤدي رسالتها في خدمة العربية وآدابها، خدمة لا ينكرها إلا معاند، ومكابر، فكانت مسرحا تلتقي عليه الثقافات الأجنبية ممزوجة بالثقافة العربية حيث إنَّ أغلب أعضاء الرابطة على علم بلغات أجنبية مما ساعدهم على التعمق بالآداب الغربية،

---

(١) جبران خليل جبران - ميخائيل نعيمة ص ١٨١.

والأخذ منها كل ما يخدم الأدب العربي ويساعد على تطوره وازدهاره، وأكبر دليل على ذلك تأثرهم بالطابع الرومانسي الذي كان سائداً في أوروبا، والذي من مبادئه الثورة على التقليد، وتحطيم المذهب الكلاسيكي والدعوة إلى التجديد، والابتكار من أجل خدمة الحياة والإنسانية، وهي موضع اهتمامهم دائماً.

والواقع إنَّ شعراء الرابطة القلمية رغم انجرافهم أمام التيار الرومانسيـ إلا أنهم كانوا معتدلين في ثورتهم حيث إنَّهم لم يقطعوا كل صلة لهم مع الأقدمين بل حاولوا التجديد في الجوانب التي يرون في استمرارها تقييداً لانطلاقة الشعر، وتحرره، وبالتالي تقييد لحركة الحياة، وتطورها لأنها لا تتطور وتتحضر إلا من خلال الأدب، لأن الأدب تكمن قيمته بقدر ما يعطيه من خدمة للحياة ومشاكلها الإنسانية.

وسنلمس مدى ارتباطهم بماضيهم القديم من خلال اشعارهم التي سنعرض لها فيما بعد.

هكذا استمرت الرابطة القلمية في خدمة الأدب والحياة مع ثورتها على التقاليد القديمة مما دعى النقاد، والأدباء المحافظين، لمهاجمتهم، وتجريحهم، لِما قاموا به من جُرأة تجديدية، وتحررية. ورغم ما صادفهم من انتقادات قاسية فقد مضوا في طريقهم وفي منطلقهم الجديد دون أي اعتبار لما يقال عنهم.

ولكن هذه الرابطة الأدبية لم تستمر أكثر من إحدى عشرة سنة حيث إنَّها ابتدأت من سنة ١٩٢٠م وانتهت في سنة ١٩٣١م عندما تعثرت حياتها وانفرط عقدها بموت عدد من أعضائها وعلى رأسهم عميدها جبران خليل

جبران[1] وهناك رابطة أخرى لم تمكث غير مدة قليلة وهي رابطة منيرفا التي أسسها احمد زكي أبو شادي سنة ١٩٤٨م في نيويورك وكان هو رئيسها[2]

هذا عن الجمعيات الأدبية والصحف والمجلات في المهجر الشمالي وإذا انتقلنا إلى أمريكا الجنوبية فنجد في المقابل فئة من أصحاب المواهب الأدبية المثقفين قد نزحوا في أواخر القرن الماضي إلى بلاد البرازيل، والأرجنتين تحت نفس الظروف التي نزح من أجلها إخوان لهم في الشمال.

ولم يكن مهاجروا الجنوب أقل غيرة على العربية وآدابها من اخوانهم في الشمال بل على العكس كانت غيرتهم أشد وأقوى لتمسكهم بالمحافظة على التقاليد العربية الموروثة وهذا دليل على شغفهم وارتباطهم بها، لذلك كان حماسهم شديداً للأخذ بيدها لينقذوها من انتكاساتها وجمودها الذي تعيش فيه مقيدة على أرض الوطن، فعلى غرار ما فعل اخوانهم في الشمال حين أسسوا الجمعيات الأدبية فقد قام نفر منهم في تأسيس الندوات الأدبية ليمارسوا نشاطهم الأدبي من خلالها، وأول هذه الندوات ندوة (رواق المعَري)[3] وقد عمل على تأسيسها قيصر المعلوف وكان من أعضائها؛ جورج عساف، ونعوم لبكي، وخليل كسيب، وفارس نجم، ووديع فرح، وكان مجال الحديث في هذه الندوة يدور حول الأدب ومشاكله ونقدها، وحول المطارحات الشعرية، وقد انبثق عن هذه الندوة عدة صحف كانت تسهم في تطوير الحركة الأدبية في تلك الديار الجديدة. ومن أشهر الصحف:

---

(١) أدب المهجر - عيسى الناعوري ص ١٩.

(٢) فصول من الثقافة المعاصرة - خفاجي، جـ١ ص٢٣٢.

(٣) القومية والانسانية: عزيزة مريدن، ص ٣٨.

جريدة "الميزان" التي أسسها اسطفان علبوني سنة ١٩١٩م.

وجريدة "الجديد" التي أسسها نجيب طّراد، وفارس نجم في سنة ١٩١١م وقد نشرت أول ديوان شعري صدر في العالم الجديد وهو ديوان "المهاجر" لقيصر معلوف[1] وقد كان لهذه الندوة أثر كبير في نشر الإنتاج الشعري لأعضاء الندوة، ذلك الإنتاج الذي يعتبر سلاحاً في سبيل الحرية والاستقلال، خاصة إذا عرفنا الميول الشعرية التي كان يتميز بها شعر المهجر الجنوبي الذي يعتبر صاحب الامتياز في الشعر القومي، والإنساني الذي كان نتيجة للحرب العالمية الأولى، فكان شعرهم يعبر عن الروح الثورية الناقمة على الاستعمار الذي أخذ يمد يده لبسط نفوذه على أرض الوطن، وقد تمثلت النزعة القومية في أشعار رشيد سليم الخوري، والياس فرحات، والياس قنصل وغيرهم.

وعلى أثر اندثار الرابطة القلمية في الشمال عمل المهاجرون في الجنوب على تأسيس رابطة تكمل الرسالة التي بدأتها الرابطة القلمية في الشمال ورسالة "رواق المعري" في الجنوب، ولكن الحيرة شغلتهم فترة من الوقت وهم يفكرون في كيفية إبراز فكرتهم وهم لا يملكون المال الذي يعتبر الأساس الأول في مشروعهم لأنهم حديثوا عهد في تلك الديار.

بَقي الأمر على هذه الحال من الحيرة إلى أن قيض الله للأدب العربي ولشعراء المهجر الجنوبي شاعراً يمتلك الموهبة الأدبية، والمال الذي يسخره في تحقيق ما يريده من مشاريع وهذا الشاعر هو -ميشال معلوف- شقيق قيصر معلوف وخال فوزي ورياض معلوف.

---

(١) القومية والانسانية، المرجع السابق، ص ٣٩.

فاجتمع مع نخبة من شعراء المهجر الجنوبي وتدارسوا فيما بينهم مشاكل الأدب العربي، والواجب الملقى على عاتقهم، وكان من بين ما تدارسوا فيما بينهم مشاكل الأدب العربي، والواجب الملقى على عاتقهم، وكان من بين ما تدارسوه اتمام رسالة الرابطة القلمية بإنشاء رابطة على غرارها، فراقت الفكرة للجميع. وأجمعت الآراء على إطلاق اسم "العصبة الأندلسية" على رابطتهم التي أسسوها في سنة ١٩٣٣م وأصبح ميشال معلوف أول رئيس لها -وداود شكور- نائب الرئيس. ونظير زيتون -أمين السر- ويوسف البعيني أمين الصندوق، وجورج حسن معلوف - خطيب. والبقية أعضاء وهم: حسن غُراب، وحبيب مسعود، وشكر الله الجر، والياس فرحات، وقيصر سليم الخوري، ورشيد سليم الخوري، ونصر- سمعان، واسكندر كرباج، وغيرهم من الأدباء. وقد نتج عن هذه العُصبَة مجلات لخدمتها ومن هذه المجلات:

"مجلة الأندلسي الجديدة" لصاحبها شكر الله الجر.

ومجلة "العصبة" برئاسة الشيخ حبيب مسعود الذي أسسها سنة ١٩٣٥م، وقد توقفت عن الصدور سنة ١٩٤١م بأمر من رئيس جمهورية البرازيل الذي يحظر فيه إصدارأي مجلة بلغة غير لغة البلاد[١]

ولقد كان للعصبة الاندلسية وما انبثق عنها من مجلات أثر كبير في المحافظة على الأدب العربي بسماته الشرقية التقليدية مما أوجد الانقسام بين شعراء الجنوب حيث إن أغلبهم يمثل جانب الحفاظ على القديم، والبعض الآخر يمثل جانب التجديد والثورة على القديم. بعكس شعراء الشمال الذين

---

(١) ادب المهجر، الناعوري، ص ٢٧.

كان بينهم شبه إجماع على التجديد ومحاربة القديم. ومن أشهر الصحف والمجلات التي كانت تصدر في المهجر الجنوبي:

١- صحيفة "الزمان" التي تصدر في بيونس ايرس – الأرجنتين برئاسة ميخائيل، ونجيب السمرا.

٢- صحيفة "المناظر" في سان باولو، لنعوم لبكي، وفارس سمعان.

وأهم المجلات :

١- "الجالية" في أمريكا الجنوبية تأسست سنة ١٩٢٢م، برئاسة سامي يواكيم.

٢- "الشرق" برئاسة موسى كريم وأسسها سنة ١٩١٨م.

٣- "الأندلس الجديدة" برئاسة شكر الله الجر، وأسسها سنة ١٩٣١م.

٤- "العصبة" برئاسة حبيب مسعود وأسسها سنة ١٩٣٥م.

وغيرها من المجلات كالمناهل، والمواهب، والإصلاح^(١)

ونلاحظ أن المهجريين الجنوبيين قد تأثروا بفردوسهم المفقود، الاندلس، وهذا يظهر من خلال إطلاقهم أسم "العصبة الأندلسية" على رابطتهم، "والأندلس الجديدة" على صحيفتها التي أسسها شكر الله الجر.

---

(١) القومية والانسانية – مرجع سابق، ص ٣٢.

وقد كان سبب تأثرهم بالأندلس أنهم وجدوا في أمريكا الجنوبية جاليـات أندلسـية تتفق معهم في العادات، والتقاليد، وحتى في اللغة العربية التي يتكلمون بها بالإضافة إلى بيئة الجنوب التي لا تختلف كثيراً عن بيئتهم العربية الشرقية.

كل هذا دفعهم للتمسك بالتقاليد القديمة والمحافظـة عليهـا، ومهاجمـة مـن يحـاولوا الاعتداء عليها، فحدثت منازعات بينهم، وبين اخوانهم؛ دعاة التحرر في الجنـوب واخـوانهم في الشمال. فالشماليون يتهمون الجنوبيين بالتقليـد، والجمـود والجنوبيـون يتهمـون الشمـاليين بالإخلال بقواعد العربية، واصولها مما يعود عليها بالفساد والضياع.

ومع هذا نرى أنَّ الجمعيات الأدبيـة، وصـحفها في الشمـال والجنـوب دفعـت بـالأدب العربي درجات إلى الأمام وجسدت المبادئ التحررية التي نادى بها أغلبية المهـاجرين. وكانـت حلقة الوصل، والوسيلة الوحيـدة لتوصيـل أفكـارهم إلى النـاس في الشرق العربي وفي المهجـر شماله وجنوبه.

الفصل الثاني

المهاجرون بين القديم والجديد

الفصل الثاني

المهاجرون بين القديم والجديد

لقد حط المهاجرون العرب رحالهم على أرض العالم الجديد بعد أن خلفوا وراءهم أوطانهم الجميلة، وأهلهم الأحباء، تلك الأوطان التي كثيرا ما تنعموا بلذائذ خيراتها، وتمتعوا بجمال طبيعتها الخلابة، وعاشوا في ظلال آدابها وتقاليدها الشرقية الأصيلة التي ورثوها عن ابائهم وأجدادهم، والتي تعتبر حصيلة آلاف السنين الماضية.

فلما وصلوا إلى العالم الجديد وجدوا أن كل شيء يختلف عما ألفوه واعتادوه وهذا التباين، والاختلاف عمَّ كل شيء حتى الآداب بشعرها ونثرها. مما ولد في نفوسهم القلق، والتردد في تحديد وجهتهم التي يسيرون فيها فهل يثوروا على كل قديم تعودوه في الشرق. وتكون ثورتهم عامة شاملة على ما في الشرق من ظلم وفساد؛ ومن جملتها الحالة الأدبية التي كانت تعاني التدهور والانحطاط؟ أم يبقوا على تلك التقاليد الأدبية لجلالة مقامها لأنها منحدرة إليهم من الأجداد الأصول؟، أم ينخرطوا في ركاب التجديد ويقطعوا كل صلة بينهم وبين القديم؟ الذي تشبعت به أرواحهم وكمن في نفوسهم؟.

في الواقع إنّ هذه الأسئلة كانت تكرر نفسها في كل لحظة وتحدث صراعاً داخلياً حول الوجهة التي يسيرون في سلكها. ولم يكن ذلك الصراع فرديا بل كان عاما وشاملا لكل المهاجرين الذين انقسموا فيما بينهم.

فقسم ثائر على كل قديم، فقطع كل صلة به واتجه نحو التجديد والتطوير.

وقسم آخر محافظ على كل قديم وتقليد موروث مع التجديد في بعض النواحي الأدبية.

فأتباع القسم الأول: هم المهاجرون الشماليون الذين كان بينهم شبه إجماع على التحرر من كل قديم.

وأتباع الحفاظ فهم أغلبية المهاجرين الجنوبيين، وليس كلهم لأن قسما منهم كان ثائراً على القديم وتقاليده الموروثة.

لذلك كان الصراع دائراً بين المحافظين الجنوبيين وبين المجددين الجنوبيين من جهة وبين المحافظين الجنوبيين والمجددين في المهجر الشمالي من جهة أُخرى.

الأمر الذي نتج عنه معارك أدبية وشعرية بين الفريقين.

وأبرز مظاهر ذلك الصراع، والانقسام ما دار بين المهاجرين الجنوبيين في البرازيل حول إطلاق كلمة "السيد" أو "الخواجة" على العرب النازحين إلى أمريكا وقد صور رشيد سليم الخوري ذلك النزاع الطريف في أبيات يقول فيها:

ما بين لفظة سيدوخواجا حرب لها هاج البريدُ وماجا
والناس في هذا قدانقسموا إلى قسمين كلٌ تابعٌ منهاجا
فالبعض يرغب في الجديد وبعضهم يهوى القديمَ لأنه قَدْراجا[1]

(١) ديوان المقروي ص ٨٩.

ويتمثل لنا الانقسام بين مهاجري الجنوب في المعارضة الشعرية التي دارت بين فوزي المعلوف وهو من دعاة التجديد والثورة على التقاليد القديمة وبين الياس فرحات زعيم المحافظين فيقول المعلوف:

خل البـداوة رمحهـا وحسامهـا   والجاهليـة نوقهـا وخيامهـا
مضت العصور الخاليات فما لنا   نحيـا متلمسـين ظلامهـا
مـاذا تفيـد الشّـعرَ وَقْفَـةُ شاعِـرٍ   يـبكي الطلـول قعودهـا وقيامـها
يـرثي ولا طلـل هنـاك، وإنـما   هـي عـادة ضـمن الخمـول دوامـها
فـاترك تقاليـد القـديم مُهَدِمـاً   أقداسـها ومحطـما أصنامـها[1]

وهذه الثورة التي نادى بها فوزي المعلوف والتي تدعو إلى التخلي عن مطالع القصائد القديمة تذكرنا بمحاولة أبي نواس الشاعر العباسي حين قال:

دع الأطلالَ تَسْفِيْها الجَنُـوب   وتبكي عهد جِدَّتِها الخُطُـوب

ومثلها ثورة المتنبي الذي ثار على الابتداء بالنسيب، وقال:

إن كان مدح فالنسيب المقـدم   أَكُلُّ فَصِيحٍ قال شِعراً مُتَيَّـمُ

ونعود للأبيات التي عارض بها الياس فرحات أبيات فوزي المعلوف، فقال فرحات:

حي البداوة نوقها وخيامهـا   والجاهلية رمحها وحسامهـا
حيتك أشباح القديم وسَلَّمَـت   فَمِنَ العَدَالَةِ أن تَرُدَ سلامهـا

---

(١) التجديد في شعر المهجر – هدارة – ص ٥٣.

قد تبلغ النفس الطموح أشدهـا   ويظل يُذكِرُها الولاء فطامهـا[1]

فكما رأينا محاولة أنصار التجديد الانسلاخ عن كل ما يمت بصلة إلى التقاليد العربية من مطالع القصائد، والعادات القديمة، من قوة الأساليب وجزالة الألفاظ. نرى أنصار القديم يقفون لهم بالمرصاد ويردون عليهم بحزم وثبات. وهذه الصورة من الصراع الذي كان يدور بين مهاجري الجنوب أنفسهم حول التجديد والتقليد.

أما في المهجر الشمالي فقد اتحدت آراؤهم جميعاً على التحرر من القديم والثورة على التقاليد والجمود في جميع مظاهر الحياة المختلفة، ومن ضمنها الأدب بشعره ونثره.

لذلك قامت الرابطة القلمية من أجل تحقيق أهدافها التي أعلنوا عنها في مقالاتهم وأشعارهم، ويرجع الأستاذ أنيس المقدسي ثورتهم على العادات، والتقاليد الموروثة إلى نزعتين رئيسيتين هما:

١- حب الحرية.

٢- والحنين إلى الشرق[2].

وهذا هو الواقع حيث إنَّ حُبَّ الحرية نابع من حرمانهم منها في بلادهم، الأمر الذي دفعهم للانتقام والثورة العارمة على كل التقاليد والأحكام التي اصطلوا بنارها وظلمها فترة من الزمن. وكان الشعر من ضحايا تلك الثورة التي أتت على أوزانه وقوافيه ومطالعه وأساليبه،

---

(١) ديوان فرحات ص ٢٥٥.

(٢) الاتجاهات الادبية، جـ٢ ص٦٩ الطبعة الأولى.

وأغراضه. فأرادوه حراً طليقاً محلقا في أجواء الطبيعة الجميلة وخادما لمشاكل الحياة المختلفة، وأرادوه مفكك القيود التي كبلته ردحا من الزمن وبخاصة في الفترة السابقة للهجرة حين تردى إلى مهاوي الانحطاط والتأخر. فكان الشعراء في القرن التاسع عشر يعمدون إلى الإكثار من التوشية والزخرفة البديعية، والاهتمام بالشكل، دون المضمون، مع اقتصار مواضيعهم الشعرية على المواضيع التقليدية من مدح وهجاء ومناسبات. ولما جاءت الثورة المهجرية فقد طوّرت الشعر ونهضت به نهضة مزدهرة غلبت كل المحاولات التي سبقتها في هذا المجال. كثورة محمود سامي البارودي الذي ارتفع بالشعر بالعربي درجات نحو التقدم والازدهار حيث أعاد إليه ديباجته العربية الرصينة بعد أن خلصه من تلك الزخارف، والمحسنات البديعية، والأغراض التافهة وحاول من بعده العقاد، وعبد الرحمن شكري، والمازني الذين نادوا بالتجديد إلا أنهم أنفسهم لم يلتزموا الشعارات التي رفعوها للتجديد. لذلك لم تصادف ثورتهم النجاح الذي حققته ثورة شعراء المهجر الذين وطدوا دعائمها غير مبالين بكل ما وجه إليهم من انتقادات واتهامات من المحافظين.

ومما ساعدهم في استمرار ثورتهم، ونجاحها، اتصالهم بالغرب. وآدابه بالإضافة إلى أن أشعارهم لاقت رواجاً بين الشعراء والأدباء الشبان في الشرق، فكان أنصارهم يتزايدون يوما بعد يوم.

ولا نعجب لذلك النجاح الذي حققوه في ثورتهم في حين أن الإخفاق كان من نصيب محاولات إخوانهم في مصر والشام. ولعل ذلك يرجع إلى الحرية الأدبية التي امتلكوا ناصيتها بعد أن ظلوا يتوقون إليها، وينتظرونها بفارغ الصبر.

ولما حانت لهم الفرصة، وتحرروا من ثقل ذلك الكابوس الذي كان يخمد أنفاسهم وأفكارهم، أخذوا يعلنون، ويصرخون بما كان يجول في خواطرهم من آراء وأفكار تعتبر نقطة البدء في حركة التطور الشعري الذي نادوا به.

وإن كان هناك رأي في سر تفوقهم في إنتاجهم الأدبي يرجع ذلك إلى الموهبة الفطرية، والجد والاجتهاد، فأدبهم ليس ثمرة انتقالهم إلى المحيط الأمريكي ولا هو وليد ادب الغرب لأن أكثرهم لم يقرأه، بل استطاعوا مالم يستطع غيرهم بفضل موهبتهم الفطرية[1]

ويقول جورج صيدح أن فضل البيئة الأمريكية على أدباء المهجر هو عزلتهم عن دنيا الإقطاعية الفكرية، وعن الأوساط الرجعية التي كانت تعتقد أن اللغة العربية لا تنتصر[2]

ولنا سؤال حول هذا الرأي الذي أثاره الاستاذ جورج صيدح وهو لماذا اقتصرت الموهبة الفطرية على شعراء المهجر فقط؟ ألم يوهب لهم اخوان في الشام ومع ذلك فقد أخفقت ثوراتهم، ومحاولاتهم التجديدية. مما يدفعنا إلى القول: إننا لا ننكر أهمية الموهبة وفي الوقت نفسه لا ننكر أثر الغرب، وآدابه في صقل تلك الموهبة وتحصينها للإنتاج الحي والمتطور.

فالحرية الفكرية، والموهبة الفطرية، والثقافة الأجنبية، كلها متممات لبعضها البعض ولا تُنتِجُ خاصية لوحدها. فبقدر تكاتف هذه الخواص يكون الإنتاج قوياً وعميقاً وقد كان اجتماع هذه الخواص يتفاوت نسبياً من شاعر

---

(١) أدبنا وأدباؤنا، جورج صيدح ص ١٠١.

(٢) أدبنا وأدباؤنا، مرجع سابق، ص ١٠٣.

لآخر، وبالتالي ينعكس على إنتاجه ورغم توفر هذه الخواص في أحد الشعراء، إلا أنه ظل متمسكاً بالطابع الشعري القديم وهذا مما يدعو للعجب والدهشة.

فقد كان لويس صابونجي من أوائل المهاجرين الذين نزلوا أمريكا الشمالية سنة ١٨٧٠م فهو يمتلك الموهبة الشعرية، ويمتلك الثقافة الواسعة المطعمة بالثقافات الأجنبية، ويمتلك الحرية الفكرية، ومع ذلك فإذا تصفحنا ديوانه نجده ينهج نفس النهج الذي يتبعه شعراء القرن التاسع عشر حتى في تقسيم موضوعات ديوانه؛ التي يجعلها أبوابا موروثة فباب المديح، وباب الفخر، ثم الحماسة، والافانين، والغزل والمقطعات والتوبة والنجوى والمراثي. ومن ناحية الأساليب فهي تقليد للأساليب القديمة حيث إنه يعمد إلى استعمال المحسنات البديعية، والزخارف اللفظية، والتصنع والتكلف والمبالغات الممقوتة، خاصة عندما يدبج القصائد في مدح السلطان عبد الحميد، رغم انفلاته من سلطته، وامتلاكه زمام حريته ولا أستطيع تعليل ذلك إلا لأن شاعرنا قد تشبع بالروح التقليدية التي تطبع عليها، وأصبحت جزءاً من كيانه مع أنه لو توجه بأشعاره إلى مواضيع تمس الحياة كإخوانه لأجاد كل الإجادة.

ولمزيد من التوضيح نعرض جزءاً من إنتاجه ولنبدأ باستعراض "تقديم ديوانه" لنقف على نموذج من الأدب العربي في القرن التاسع عشر فيقول لويس صابونجي:

"بالخضوع والشكران إلى أعتاب حضرة صاحب الشوكة والإقبال، رب المكارم والافضال، الخليفة الأعظم، والمولى الأفخم، والملاذ الأمين، أمير

المؤمنين، خادم الحرمين الشريفين، سلطان البرّين، وخاقان البحرين، مولانا السطان ابن السلطان، السلطان الغازي "عبد الحميد" خان الثاني" [١]

فنلاحظ من هذا التقديم أُسلوب الشاعر الذي يعطينا صورة عن أدب التكلف والصنعة في القرن التاسع عشر، والثامن عشر. وعلى غرار هذا الأسلوب نجد الشعر الذي يتسم بالتملق، والتصنع، والمبالغة الممقوتة، ولنأخذ مثالا قاله لويس صابونجي في مباركة عيد الجلوس على العرش للسلطان عبد الحميد فنجده يعبر تعبيراً صادقا عن مرحلة الجمود، والركود، والحالة السيئة التي تردى فيها الشعر العربي وقد حمل شاعرنا تلك السمات بغثاثتها إلى المهجر:

سـلطاننا "عبـد الحميـد" المجتبـى	في مثـل هـذا اليـوم سـيفا قلـدا
وعـلى سريـر الملـك قـام مؤيـداً	بخِلافـة نبويـة لـن تجحـدا
فأعـاد للأقطـار سـابق مجدهـا	بجلوسـه والعـز فيهـا جـدداً

وإنتاج الشاعر لويس صابونجي نستطيع أن نعتبره آخر مظاهر فترة الجمود والركود التي أصابت الأدب العربي، والشعراء الذين جاءوا بعده من المهاجرين أخذوا يحددون ملامح الثورة التجديدية الشاملة التي أخذت تتطور تدريجياً إلى أن وصلت قمة النجاح وبخاصة عندما توجت بأهداف الرابطة القلمية في المهجر الشمالي والتي تعتبر امتدادا للانطلاقات والمحاولات التجديدية التي لم يكتب لها النجاح كما نجحت ثورة المهجر.

(١) ديوان النحلة: لويس صابونجي ص ٧.

فأدب المهجر -بشعره ونثره- الحديث ليس ابن الهجرة الحاضرة وحدها[١] فقد كان قبل هذه الهجرة هجرات، ومحاولات تجديدية، كالذين هاجروا في القرون الوسطى، وفي القرن التاسع عشر حيث أنشأوا المطابع العربية في العواصم العالمية وتأثروا بآدابها.

ومع ذلك فقد كانت ثورة المهاجرين في الأمريكيتين هي صاحبة الفضل في خلق أدب حديث له معالمه المميزة. ونستطيع أن نقدم عرضاً للحملات الإعلامية التي قام بها شعراء المهجر للإعلان عن مبادئ ثورتهم وأهدافها الرامية إلى طمس معالم التقاليد الموروثة من أوزان وقوافي وألفاظ، وأغراض شعرية يرونها تقيد الشاعر، وتحد من حركته في التعبير عما يريد إبرازه، فنظرتهم للآدب نظرة فيها حركة وحيوية وخدمة عامة للحياة فهذا ميخائيل نعيمة يقول في مقاله "نقيق الضفادع":

"إن القصد من الأدب هو الإفصاح عن عوامل الحياة كما تنتابنا من أفكار وعواطف وأن اللغة ليست سوى وسيلة من وسائل كثيرة اهتدت إليها البشرية للإفصاح عن أفكارها وعواطفها وأن للأفكار، والعواطف كيانا مستقلا ليس للغة فهي أولا واللغة ثانياً" [٢]

فالأدب عندهم إفصاح وإبانة عن عوامل الحياة، وتعبير عن الأفكار، والعواطف في نفس الشاعر بعد اختمارها في داخله حتى يحين دور الإخراج والتوصيل للناس بطريقة سهلة فمعنى ذلك أنهم يهتمون بالمعنى أكثر من

---

(١) مجددون ومخترون - مارون عبدو ص ١٩٣.

(٢) الغربال - ميخائيل نعيمة ص ٨٦.

اللفظ الذي يعتبر وسيلة لا غاية ومما يؤيد هذا الوجه ما قاله جبران خليل جبران في مقاله "لكم لغتكم ولي لغتي":

"لكم من اللغة العربية ما شئتم ولي منها ما يوافق أفكاري وعواطفي، لكم منها الألفاظ وترتيبها، ولي منها ما تومئ إليه الألفاظ ولا تلمسه، لكم منها جثث محنطة باردة جامدة، ولي منها أجساد لا قيمة لها بذاتها بل كل قيمتها بالروح التي تحل فيها، لكم منها القواميس والمعجمات والمطولات ولي منها ما غربلته الأُذن، وحفظته الذاكرة من كلام مألوف مأنوس تتداوله ألسنة الناس في أفراحهم وأحزانهم" (١)

فجبران خليل جبران يدعو إلى اللغة العامية المألوفة للناس والمتداولة بينهم من أجل الخروج من التعقيدات التي يراها في استعمال اللغة الفصحى وقواعدها.

وهذه الدعوة لها خطرها الكبير على العربية وآدابها فيجب اتخاذ الحيطة والحذر من الإفراط في تطبيقها، حيث إنَّها لاقت آذانا صاغية وآراءً مؤيدة من الذين يجهلون العربية، ولا يستطيعون الانطلاق في ظلالها. فاتخذوا هذه الدعوة ذريعة ليواروا بها تقصيرهم وجهلهم، ومع إيماننا بما قالوه عن خدمة الأدب للحياة إلا أننا لا نقبل أن يكون ذلك على حساب العربية وقواعدها. فاللغة العربية رحبة المعالم وطيعة الانقياد على الأذواق المثقفة. ولو لم تكن كذلك لما رأينا المعلقات الشعرية التي لم تُعجِز أصحابها قيود البحر والقافية، ولا نعتقد أن المتنبي والبحتري وأضرابهم من أعلام الشعر العربي كانوا يريدون أن يقولوا شيئاً في نفوسهم ومنعهم من قوله بحور الخليل بن أحمد،

---

(١) بلاغة العرب - ص ٥١.

وقوافيه التي يعتبرها أدعياء الأدب والشعر قيوداً تشل حركتهم وانطلاقتهم سواء كانوا داخل الوطن العربي أم خارجه.

ونحن لا نمانع تطوير الأدب شعره ونثره لكي يساير تطور الحياة وحضارتها فنجدد في الأساليب والمواضيع الهادفة التي تعالج مشكلات الناس دون الإخلال بالقواعد اللغوية وأساليبها.

وبالنسبة لشعراء المهجر فلم يكونوا على وتيرة واحدة في دعواتهم التجديدية لأنا كما عرفنا شعراء الرابطة القلمية كانوا ينادون بالتحلل من كل القواعد والقيود التقليدية الموروثة وعلى النقيض منهم كان أغلب شعراء المهجر الجنوبي وعلى رأسهم الياس فرحات الذي تصدى لدعاة التجديد في المهجر الجنوبي نراه يثور على دعاة التجديد في المهجر الشمالي ويحمل عليهم حملة قاسية لما أباحوه لأنفسهم من تطاول على التقاليد العربية، فيقول:

أصحابنا المتمردون خيالهم ... تقضي قريش به وتحيّا حمير
لغة مشوهة معنى حائرٌ ... خلف المجاز، ومنطق متعثر
وزعيمهم في زعمهم متفنن ... عجبا أكان الفنُ فيما يضمر
لا الأرض تفهم ما يصوره لها ... ذاك الزعيم ولا السماء تفسر[1]

ففرحات يحمل على دعاة التجديد ويخص منهم زعيمهم جبران خليل جبران الذي لم يسكت على فرحات واخوانه من أنصار القديم لذلك نظم قصيدة تحت عنوان :

(١) ديوان فرحات، ص ١٠.

"يامن يعادينا" ويقول فيها:

يـا مـن يعادينـا ومـا أن لنـا ... ذنـب إليـه غـير أَحلامنـا
جـاورتم الأمـس ومِلنـا إلـى ... يـوم مـوشى صبحه بالخفـاء
ورمـتم الـذكرى وأطيافهـا ... ونحـن نسـعى خلـف طيـف الرجـاء
وجبـتم الأرض وأطرافهـا ... ونحـن نطـوى بالقضـاء الفضـاء
لوحـوا وسـبوا والعنـوا واسخـروا ... وسـاوروا أيامنـا بالخصـام
فـنحن نحـن كوكـب لا نسيـر ... إلى الـوراء في النـور أو في الظـلام [1]

هذا من ناحية اللغة وما دار حولها من خلافات بين المهاجرين أنفسم اما بالنسبة لثورتهم على الشعر بأوزانه وقوافيه فقد كانت عارمة لدرجة أنهم اعتبروا الوزن والقافية ليسا من ضرورات الشعر العربي لأن النفس -كما يقولون- لا تحفل بها، بل بدقة ما تقدمه الأشعار من ترجمة للعواطف والأفكار. وكذلك يعتبرون الزحاف والعلل أوبئة[1] (٢: الغربال - انظر مقالة الزخارف والعلل ص ٨٨) تنزل بأوزان الشعر العربي لذلك ثاروا عليها هي الأخرى فالشعر عندهم، ترجمة للغة النفس والشاعر كما يقول ميخائيل نعيمه في غرباله:

"نبي وفيلسوف وموسيقي كاهن -فالشاعر- هو الذي تعانق روحه روح الكون والشعر- لغة النفس والشاعر ترجمان النفس" [٢]

أما من ناحية الأوزان والقوافي فيقول:

(١) مجموعة جبران الكاملة جـ٣ ص٢٩٣.

(٢) نفس المرجع ص ٧٠ .

"لقد وضع الناس للشعر أوزاناً مثلما وضعوا طقوسا للصلاة والعبادة، فكما أنهم يتأنقون في زخرفة معابدهم لتأتي لائقة بجبروت معبودهم، هكذا يتأنقون في تركيب لغة النفس لتأتي لائقة بالنفس وكما أن الله لا يحفل بالمعابد، وزخرفتها بل بالصلاة الخارجة من أعماق القلب هكذا النفس لا تحفل بالأوزان والقوافي، بل بدقة ترجمة عواطفها وأفكارها" (١)

ولم يكن ميخائيل نعمية وحده في هذا المضمار بل هناك من هم أكثر تحررا، وتحللا من الأوزان والقوافي لدرجة أن إيليا أبا ماضي قد أعلن عن رأيه في افتتاحية ديوانه الجداول. فقال:

لست مني إن حسبت الشّـ	ـعر ألفاظاً ووزنا
خالفت دربك دربي	وانقضى ما كان منا
فانطلق عني لئلا	تقتني هما وحزنا
واتخذ غيري رفيقا	وسوى دنياي معنى (٢)

ومع هذه الدعوة الثائرة للتحرر من الأوزان والقوافي التي دعى لها أبو ماضي إلا أننا نجد أنه صبّ دعوته في قالب شعري من سماته الوزن والقافية والألفاظ فهو رفع شعاراً لم يلتزمه نفسه. وذلك لأننا نعرف أن الشعر لا يكون شعرا بغير وزن وقافية وألفاظ فهي المكونات الأساسية للشعر، وإلا لما كان فرق بين الشعر والنثر. بل الذي نراه أن دعواتهم هذه ما هي إلا تبرير مسبق لما قد يقعون فيه من ضرورات حيث إنّهم جميعاً التزموا الوزن، والقافية، التي

(١) الغربال: مقالته نقيق الضفادع ص ٨٦.

(٢) ديوان الجداول - أبو ماضي - ص ٩.

تبعث النغم الموسيقي الجميل في كل دواوينهم مع التجديد في الموضوعات والتنويع في القوافي والالتجاء للبحور ذات الوزن الخفيف.

وكان لدعواتهم التي أعلنوا عنها أثر كبير في نفوس النقاد والأدباء -المحافظين منهم خاصة- مما عرضهم للوم والتجريح. وهذا مثال نأخذه عن توجيه الانتقاد لإيليا أبي ماضي من الدكتور طه حسين حين قال عنه:

"ولست أزعم أن لغة الشاعر رديئة أو منكرة ولكنها تقارب الرداءة أحيانا حتى توشك أن توغل فيها إيغالا، ولعل الشاعر نفسه أَنِسَ الضّعفَ في لغته ولعله حاول أن يصلحه فلم يستطع فاتخذ الضعف مذهباً" (١)

وكما يقول طه حسين: "ما دام أبو ماضي -وهو زعيم شعراء المهجر- يقع في مثل هذه الأخطاء فمن باب أولى أن تشيع في أشعار شعراء المهجر جميعاً(٢)".

وإحقاقا للحق نرى أن الدكتور طه حسين حين أطلق حكمه على نتاج هذا الشاعر واتهمه بأنه قد اتخذ الضعف مذهبا له، ومنهاجا قد اعتمد في حكمه على تقديم نتاج الشاعر أمام محكمة أدبية قديمة الموازين والمقاييس، مع العلم ان شاعرنا يمثل الشعر الحديث المتطور لهذا انتهت المحاكمة إلى استخراج بعض الأخطاء والسقطات اللغوية التي دفعت الدكتور طه حسين لتعميم ملاحظاته وأحكامه. إن مثل هذه الأحكام التي يقصد منها النيل والتقليل من شأن شعراء المهجر فيها كثير من الظلم والتحامل.

---

(١) ديوان الجداول - أبو ماضي - ص ٩

(٢) حديث الأربعاء - الدكتور طه حسين، ط ٨، جـ٣، ص ١٩٥.

فأي شاعر قديم لم تؤخذ عليه بعض الأخطاء سواء أكانت لغوية ، أم معنوية؟ ولو عُصِمَ الشعراء عن الأخطاء -في الجاهلية وما بعدها من عصور – لما رأينا وما سمعنا عن تلك الأسواق الجاهلية التي كانت تعقد في مواسم معينة لمحاكمة الشعراء ونقد انتاجهم. وتفضيل شاعر على آخر لا يكونُ إلا بالوقوف على بعض الأخطاء التي وقع فيها شاعر دون آخر من هنا كان النقاد أصحاب الأذواق الحساسة هم قضاة تلك الأسواق – أو المحاكم الأدبية- وقصة الناقد النحوي أبي اسحق الحضرمي مع الشاعر الفرزدق مشهورة وهي أكبر دليل على شيوع الأخطاء النحوية، والمعنوية بين عمالقة الشعر العربي الذين عاشوا في قلب الجزيرة العربية، وتمرسوا باللغة الفصحى وأساليبها الرصينة.

فهؤلاء إن أخطأوا فلا مانع من توجيه اللّوم والتجريح إليهم لانطباعهم على العربية ولعدم وقوعهم تحت مؤثرات أجنبية.

أما أن نحاكم شعراء المهجر أمام تلك المقاييس الأدبية القديمة، فهذا فيه بعد عن العدل. لأن الأخطاء قدر مشترك عند الجميع ولا يستطيع أحد أن يدعي الكمال لأنه ضرب من المحال. فكل نتاج شعري لا يخلو من الحسنات والسيئات فيجب أن لا نحمل الأقلية على الغالبية ونعمم الحكم. بل يجب أن ننظر إلى النسبة بين الحسنات والسيئات وبقدر كثرة ورجحان احداهما على الأخرى نصدر أحكامنا فيها. ومن ناحية أخرى يجب الأخذ بعين الاعتبار الظروف البيئية التي يعيش فيها شعراء المهجر حيث إنهم يعيشون في عزلة تامة عن العربية ولغتها. وبين أناس لا ينطقون إلا بلغات أجنبية مما يفرض عليهم أن لا ينطقوا بكلمة عربية طوال عدة أيام. ونحن نلتمس لهم العذر إن وقعوا

في بعض الأخطاء ونراعي ظروفهم الحياتية التي يقول في وصفها جورج حسن معلوف:

"يقضي أولئك -المهاجرون- الأيام والأسابيع دون أن تدور على ألسنتهم لفظة عربية والعجمة واقفه لهم بالمرصاد فلا ينطقون إلا بلغة الأغيار وعلى غفلة من متاعب الحياة والكدح وراء الرزق" (١)

ومع وجود نفر من دعاة التجديد كما عرضنا لهم أمثال جبران خليل جبران وفوزي المعلوف، وميخائيل نعيمة نرى أيضاً نعمة القازان يقف ناقما على كل قديم ومتحاملا اشد التحامل حين يقول:

قلـــتم يقـــول النحـــاة فقلـــــت	لقـــد كـــان ذلـــك في البصـــــرة
أقـــاس النحـــاة حـــدود الزمـــــان	ومرمـــــى خيـــــالي وعقليتـــــــي؟
لقـــد حــــددوها لأفكارهـــــــم	فضـــاقت وزمـــت عـــلى فكرتـــي
فقلـــــتم يقـــــول الكسائـــــــي	وجـــبران قـــال: عـــلى صِحَـــةِِ.!(٢)

رغم هذا التحامل الشديد فإنا نرى أن الشاعر في هذه الأبيات يلتزم قواعد النحو وقواعد الشعر التي يهاجمها، إلا أن هذا لا يمنع من ارتكابهم بعض الأخطاء وبخاصة في استعمالهم الألفاظ. والأساليب العامية التي دعى إليها جبران مما أثار نقمة شعراء الجنوب المحافظين أمثال الياس فرحات ورشيد الخوري، بالإضافة إلى إثارة المحافظين في الوطن العربي على ثورتهم،

---

(١) مقدمة ديوان فرحات - جورج حسن معلوف ص ١١.

(٢) التجديد في شعر المهجر - هداره ص ٥٥.

ودعوتهم للعامية، فهذا رشيد سليم الخوري يدعو إلى العربية الفصحى ويندد بدعاة اللغة العامية فيقول:

"كل عادل إلى العامية مبشر بها دونها إنما هو كافر بها وبكم أيها العرب، دساس عليها وعليكم كائد لها ولكم، عامل على قتلها وقتلكم فَعَلِّموا القرآن والحديث ونهج البلاغة في كل مدارسكم وجامعاتكم لتقوم الفصحى ألسنتكم"[1]

ويقول مسعود سماحة متحسرا على اللغة العربية لما أصابها من العجمة التي تسبب بها دعاة العامية:

لهفي على لغة يشوه لفظها وجلال رنته اللسانُ الأعْجَمُ [2]

بعد هذا الاستعراض لآراء شعراء المهجر في اللغة الشعرية، والأوزان، والقوافي، والمطالع نراهم يتجهون إلى الموضوعات الشعرية. التي لم تسلم هي الأخرى من التصحيح والتطوير.

فقد ابتعدوا عن الأغراض الشعرية القديمة من مدح، وهجاء، وغزل، ونسيب، واتجهوا بأشعارهم إلى مواضيع تمس الحياة والإنسانية، فأصبحت أشعارهم تتسم بطابع الإنسانية والقومية - وهما من سمة المهجر الجنوبي ثم الشعر التأملي، والطبيعة، والدين وغيرها من المواضيع التي تتصل بالإنسان اتصالا وثيقا، وسنعرض لها في فصل قادم بإسهاب.

---

(١) مقدمة ديوان القروي (ح ن).

(٢) ديوان مسعود سماحة، ص ٢٠.

هكذا كان شعراء المهجر في صراع بين القديم والجديد. وبعد ذلك فإلى أي حد نجحت الثورة المهجرية في التحرر من القديم؟ وإلى أي حد نجحت في التجديد؟

كما بيّنا سابقاً إيغال شعراء الرابطة القلمية في ثورتهم على القديم محاولين الانسلاخ عنه مع وجود فريق من شعراء المهجر الجنوبي التزموا الحفاظ على التقاليد الموروثة مع التجديد في النواحي التي رأوها صالحة للتجديد. فكان موقفهم موقفا عادلاً لا غبار عليه. أما أولئك الذين غالوا في التجديد وتعصبوا له فإنهم لم ينقطعوا عن التقاليد القديمة انقطاعا تاما، خاصة في الأوزان والقوافي التي يظهر التزامهم بها في كل دواوينهم مع التطوير في الصورة الشعرية فنوعوا في القافية والتزموا الأبحر القصيرة ذات الجرس الموسيقى الجذاب. فالتفاعيل، ووحدتها واحدة وأما في الناحية الموضوعية فقد جددوا حقا، وطرقوا مواضيع جديدة مع إهمالهم للمواضيع السابقة. ومع كل هذا فلم يستطيعوا قطع أنفسهم عن كل قديم لأنهم تعودوا الشعر القديم في بداية حياتهم حيث تلقنوه عن آبائهم وأجدادهم فنجدهم كثيراً ما يعارضوا القصائد القديمة ويتأثرون بها. ومما يؤيد ذلك، نرى مسعود سماحة يعارض قصيدة الحصري التي يقول فيها:

يا ليل الصب متى غـــده   أقيام الساعة موعـــده

فيقول سماحة معارضا القصيدة:

مولاي رقدت وما رقـدت   عين لمحب تعهـــــده[1]

ويعارضها أيضاً نعمة الحاج فيقول:

---

(١) ديوان مسعود سماحة ص ١٨٣.

امريش السهم يسـدده فيقيم الهم ويقعـده

ويعارضها فوزي المعلوف في قصيدته "بالليل الوصل متى غده":

هل سيل يهدر جارفـه أو بحر يزفرمـزبده[1]

وقصيدة السموّل التي يقول فيها:

إذا المرء لم يدنس من اللوم عرضـه فكل رداء يرتديه جميـل

يعارضه نعمة الحاج بقوله:

نزول وتبقى للعيان رسومنـا كما بقيت بعد القصور طلـول

ونرى أن شعراء المهجر يتأثرون بأبيات قديمة فيضمنوها أشعارهم فنعمة الحاج يقول:

وداعا وداعا يا بلادي فإننـي أودع مشتاقا إلى العود ثانيـا

وقد يجمع اللـه الشتيتين بعدمـا يظنان كل الظن أن لاتلاقيـا[2]

والبيت الأخير بتمامه لشاعر قديم تأثر به نعمة الحاج فضمنه قصيدته.

ونرى الياس فرحات يسير على النمط القديم في مخاطبة ديار الحبيب في استهلال قصائده فيقول:

أدار الحبيب عليك السـلام ألا تذكرين محبا غريب

كثير الولوع كثير الهيـام كثير الشقاء كثير النحيب

ويقول متأثرا بأبيات قالتهاميسون الكلبية امرأة معاوية حين أسكنها قصره في دمشق فتقول ميسون:

---

(١) شاعر الطياره ص ١٧.

(٢) ديوان نعمه الحاج ص ١٧٧.

ولبس عباءة وتقر عينـي أحب إليَّ من لبسِ الشفوفِ
وبيت تخفق الأرياح فيـه أحبُ إليَّ من قصر منيـفِ

فيقول فرحات متأثراً بالشطر الأول من البيت الثاني:

فكوخ تلعب الأرياح فيه" وتثمر في جوانبه الكروم

وأبو ماضي يتأثر بأبي العتاهية حيث يقول:

وكانت في حياتك لي عِظات وأنت اليوم أوعظ منك حيا

فيقول أبو ماضي:

ويعظ النابغ الخلائق حيًّا إنما موته أجل عِظاته

ومحبوب الخوري الشرتوني يتأثر بامرئُ القيس حين يقول في معلقته:

قفا نبك من ذكرى حبيب ومنزل بسِقِطِ اللَّوى بين الدُّخولِ فَحَومَل[1]

فيقول محبوب الشرتوني :

قفا نبك من ذكرى العذيب وبارق وناس على عهد من العيش سابق

ويقول أمين مشرق أبياتا مضمنا اياها أبياتا من الشعر الأندلسي وقد تأثر بموشح ابن الخطيب الأندلسي فيقول:

مضـــت الأشـــواق روحـــي مـــثلما مضـــت الـــريح عبـــير الـــنرجس
وأنـــا بالـــذكر أيحـــا ألمـــاً شـــاديا فـــيما بقـــي مـــن نفـــس
جـــادك الغيـــثُ إذا الغيـــت همـــى يـــا زمـــان الوصـــل بالأنـــدلس[2]

ولو تتبعنا دواوين شعراء المهجر لوقعنا على كثير من هـذه الصور التـي تعتـبر دلـيلاً، وشاهداً على ارتباط شعراء المهجر بتراثهم القديم، خاصة في

---

(١) ديوان الشرتوني: ص ٦٣.

(٢) بلاغة العرب ص ٢٣٠.

القصص والمطولات الشعرية مثل (على بساط الريح) لفوزي المعلوف، (وعبقر) لشفيق المعلوف فما هما إلا صورتان جديدتان من رحلة (التوابع والزوابع) لابن شهيد الاندلسي (ورسالة الغفران) للمعري، واحاديث الإسراء والمعراج النبوي[1]

فهذه الأعمال الأدبية الخالدة انعكس أثرها على الإنتاج الشعري لهؤلاء الشعراء المهاجرين، بالإضافة إلى ما اكتسبوه من الطابع الرومانسي الذي كان منتشراً في أوروبا في ذلك الوقت فأصبح نتاجُهم مزيجاً من الثقافة الأدبية الغربية والثقافة الأدبية العربية الشرقية التي تتسم بالروحانية المحببة للنفوس لذلك خرج نتاجُهم فيه الحيوية والحركة والخفة.

وللأستاذ جورج صيدح رأي في تدعيم ما قيل عن استمرار الارتباط بين شعراء المهجر وتراثهم القديم، فيقول:

" فأدب المهجر رسالة عربية لم يلصق بها الغرب. إلا طابع البريد وأدبهم فرع يباهى بأصله، ويعترف بفضل الجذور عليه، فضل الأم على الولد اي الفضل الذي لا ينسى ولا يجحد"[2]

نحن لا ننكر هذا الرأي لأن دواوينهم الشعرية مطبوعة بالطابع العربي المطعم بالحضارة والثقافة الغربية التي كان لها أثر كبير في طريقة تفكير الشعراء الذين تقدموا بالشعر العربي خطوات إلى الأمام. فجددوا في المواضيع الشعرية وجعلوها مسخَّرة لخدمة الإنسانية فضمنوها أفكارهم، ومشاعرهم الصادقة، وتفننوا في تنويع القوافي وفي تجميع البحور في القصيدة الواحدة مع التطوير في

---

(١) دراسات في الشعر العربي المعاصر - شوقي ضيف، ط٤ ص ٢٥٥.

(٢) ادبنا وادباؤنا ص ٤١.

الموشحات الأندلسية التي أضافوا إليها خصائص كانت تفتقر إليها. وبعثوا الحياة في الكلمة العربية بما أداروه من حوار في قصائدهم.

ورغم هذا فإن شعراء المهجر لم يكونوا جميعاً من المجددين الناقمين على كل قديم، بل نجد كثيراً منهم من كان يقلد القدماء حتى في ترتيب دواوينهم، ومطالع قصائدهم علاوة على شعراء الجنوب المحافظين نجد محبوب الشرتوني، وجورج صوايا، والياس قنصل ومسعود سماحة الذي يعتبر ديوانه صورة قديمة من دواوين القدماء فنراه يقول في :

الحنين إلى وطنه:

عج بالديار مبلغا عني ناء	حبا طوى ذكراه في الأحشاء
وأطرق خشوعا للجلال فإنها	فاقت بروعتها على الغبراء
آثارها تسمو بفرط جلالها	وجمالها يزهو لعين الرائي[1]

فهذه الأبيات صورة طبق الأصل لمطالع قصائد الجاهلين الراحلين عن مواطنهم فهي تلتزم الوزن والقافية والتقرير الذي لا إيحاء فيه، ولا خيال، ولا ابتكار، ومثل هذه الأبيات نجد الكثير في أشعاره وأشعار غيره من المقلدين.

(١) ديوان مسعود سماحة، ص ١٠٧.

الباب الثالث
مظاهر التطور في شعر المهجر

الباب الثالث

مظاهر التطور في شعر المهجر

كما اوضحنا في فصل سابق الصراع الذي كان يدور بـين شـعراء المهجـر حـول التجديـد والتقليد، والانقسام الذي حدث بينهما فرأينا قسما منهم يميلون إلى التجديد ويتعصبون لـه وقسما آخر يميلون إلى التقليد والحفاظ عليه. وبعد استعراض آراء كـل مـن الفريقين خلصنا إلى نتيجة مفادها إن شعراء المهجر عمومـا –حتـى دعـاة التجديد منهم- لم يستطيعوا أن يقطعوا كل صلة بينهم وبين القديم الذي ترك بعض بصماته علـى إنتاجهم الشعري. فكان لضخامة التراث العربي الأصيل، وعراقة تقاليـده، أثـر كبـير، وبـارز في الشـعر المهجري، ورغـم الشعارات التجديدية التي رفعوها وأعلنوا عنها فإننا نجد أن شعرهم لم يخـرج عـن النظام الموسيقي للقصيدة العربية القديمة، الذي كـان مـن سـمات القصيدة المهجرية، عـلاوة عـلى تأثرهم ببعض الأغراض الشعرية القديمة وبعض الصور والأساليب فنظموا أشعارهم في أغراض المدح والمناسبات، والأخوانيات التي نجدها بارزة في ديـوان مسعود سـماحة وبعض قصائد القروي وغيرهم من شعراء المهجر.

ومع ذلك فلا ننكر ما قام به شعراء المهجر من مظاهر تجديدية شـملت كـل جوانب وأجزاء القصيدة العربية، ونحن بدورنا نقسم هذه المظاهر إلى قسمين:

١-   تطور في الناحية الموضوعية.

٢-   تطوير من ناحية الصورة والبناء الشعري.

الفصل الأول

التطور من الناحية الموضوعية

لقد كان الشعر العربي في مختلف صوره لا يخرج في مواضيعه عـن المـدح والهجـاء، والرثاء، والوصف، والغزل والنسيب وغيرها من الأغراض الشعرية التي ظلـت مسيطرة علـى إنتاج الشعراء حتى قيام حركة الهجرة في أواخر القرن التاسع عشر وبداية القرن العشرين.

وما أن غادر المهاجرون أرض الوطن على غير إرادتهـم حتـى رأينـاهم يعلنـون ثورتهم التجديدية التي لاقت صدى واسع النطاق في نفوس أبناء الوطن العربي.

فرأينـاهم ينقمـون علـى كـل شيء مـوروث في الشـعر العربي محاولين الابتعـاد عنـه واستبداله بما يوافق عواطفهم، ومشاعرهم الإنسانية، وكانت الموضوعات الشـعرية مـن بـين التقاليد التي حاولوا التجديد فيها فمن مظاهر التجديد في الموضوع الشعري.

١- الحنين إلى الوطن:

كل إنسان في هذا الوجود مرتبط برباط فطري بوطنه الـذي درج علـى ترابـه وتمتع بجماله، وكان ميدانا لذكريات طفولته فهذه الذكريات وآثارها في النفس الإنسانية كفيلـة لأن تولد المحبة الصادقة للوطن وللمجتمع الذي عاش فيه.

فحب الوطن، والأهل، والأحباب صفة ملازمة للإنسان منذ الجاهلية حتى عصرنا هذا فكثيرا ما قرأنا الأشعار الجاهلية التي يقف أصحابها يخاطبون الأطلال الدارسة ومواطن الأهل والأحبة التي يفارقونها بدافع البحث عن الماء والكلاء، فكانت أشعارهم مفعمة باللوعة والحنين لمراتع الصبا ومواطن الذكريات.

وعندما فارق شعراء المهجر أوطانهم تركوها في حالة يرثى لها من التدهور والفساد الذي يرجع أولا وآخرا للسياسة الحاكمة التي أذاقتهم أنواع الظلم والهوان ففروا هاربين من جبروتها وقسوتها، مخلفين وراءهم أهلهم وأصدقاءهم الذين يعيشون تحت نفس الضغوط الفكرية، والسياسية، والاجتماعية التي شردتهم وفرقت شملهم.

لذلك أرهفت الغربة إحساس هؤلاء الشعراء وهذبت مشاعرهم وأذابت نفوسهم شوقا وحنينا للأهل والوطن.

فرأيناهم ينشدون القصائد الشعرية الغنائية التي يصورون فيها تلك المشاعر والعواطف الصادقة التي تتألم وتذوب حسرات من ألم الفراق الذي حرمهم التمتع بجمال الطبيعة الشامية، بكل مظاهرها، وأشعل في قلوبهم ذكريات الماضي من عهد الطفولة والصبا، وزاد من حنينهم الغربة بكل ما فيها من قسوة وحرمان، وتعقيد، فهي غربة تختلف عن تلك الغربة الساذجة التي كان يتعرض لها شعراء الجاهلية لأنها غربة عميقة الأغوار ومعقدة الجوانب لذلك كانوا يتأثرون بكل شيء تقع عليه أعينهم وفيه تذكير لهم بأوطانهم، مما يجعلهم يحلقون بخيالهم للتمتع باستعراض تلك الذكريات.

فما تتاح لأحدهم مناسبة إلا وينشد فيها شعرا فيه سمات الحب والولاء والحنين إلى الأهل والأوطان مما أنتج للأدب العربي ديوانا ضخما من الشعر في حب الوطن يفوق أي شعر في هذا المجال في العصور السابقة. فكان شعر الحنين الطابع المميز لشعر المهجر فهذا الشاعر رشيد سليم الخوري يصف لنا شعوره الوطني فيقول:

"أمتي، أنا مكثرا، ووطني أنا مكبرا، إذا اقتطع ذئاب الاستعمار منه قطعة فكأنما أكلوا جارحة من جوارحي، أنا واحد من سبعين مليونا من العرب كل واحد منهم أنا فينبغي أن أحبهم سبعين مليون ضعف حبي لنفسي"

وله قصيدة يصف فيها حنينه لوطنه وهي تحت عنوان "أنشودة الغريب":

حتام أحيا غريب	مالي وطن
يا يوم وصل الحبيب	أنت الزمن
دهر بقلبي دمى	سهم النوى
يكويه ربي كما	قلبي كوى
هيهات غير الحمى	مالي دوا
لبنان نعم الطبيب	للممتحن
إن كنت منه قريب	زال الحزن[1]

فالقروي يتساءل إلى متى ستبقى الغربة حائلا بينه، وبين وطنه، تلك الغربة التي سببت له الألم والعذاب الذي لا دواء له منه غير العودة إلى

(١) مقدمة ديوان القروي، ط ك.

لبنان[1] وطنه ومسقط رأسه، وله قصيدة أخرى بعنوان "الـوطن البعيـد" وهـي مليئـة بالحنين والشوق للوطن.

فكما أن القروي يرى أن قربـه مـن وطنـه هـو الشـفاء لآلامـة وأوجاعـه التـي سـببتها الغربة، فنسيب عريضة يرى سلة من الفواكه فتبعث في نفسه الحنين والشوق لوطنه فيـنظم قصيدة تصف مشاعره التي انتبابته عندما استوقفته تلك السلة بمنظرها الجميل فيقول:

واستوقفتني على حانوت بقــال   عيني وقوف مشوق عند أطلال
بسلة لمحتها العيــن في الحـــال   فيها فواكه لم تخطر على بــال

ثمار كرم وتين فوق رمــــان

سل عليه ثمار الشوق أحلاهــا   لزينة عرضوها لا لمعناهــا
وقفت أرقبها والقلب قد تاهــا   في بحر ذكرى تناديني بقاياهــا

إلى عصور خلت من قبل أزمـان

وقفت رغما وحولي الناس ما وقفت   أراقب السل والأثمار قد بسمـت
كأنها إذا رأيـتـي مدهشا عــرفــت   أني غريب فحيتني وما نطقــت

فطار قلبي حنينا لأوطانـــــي

ويقول في قصيدة ثانية تحت عنوان "أم الحجارة السـود" ويقصـد بهـا بلدتـه حمـص فيخاطب الدهر يرجوه أن يعود به إلى أرض الوطن بأي حال من[2]

(١) بلاغة العرب، ص ٢١٨.

(٢) مناهل الأدب العربي جـ٣٠ ص ١٠٦.

الأحوال حتى ولو ميتا ليدفن في مسقط رأسه، وهذه صورة صادقة تدل على مدى تعلق المهاجر بوطنه وارتباطه به. فيقول:

يادهر، قد طال البعاد عن الوطـن   هل عودة ترجى وقد فات الظعن
عد بي إلى حمص ولو حشو الكفن   واهتف أتيت بعاثر مـردود
واجعل ضريحي من حجارة سـود

ونرى الحنين للوطن يتخذ صورة أخرى حيث إن الشاعر محبوب الشرتوني يرى أن روحه مقسومة إلى شطرين شطر في بلاد الغربة والشطر الآخر في لبنان فيقول تحت عنوان "خطرات مغترب":

أحيا غريب الدار مشتاقا إلـى   أهـل إلى وطـن إلى إخـوان
كيف التفت رأيت أرضا لا الحمى   فيها حمامي ولا اللسان لساني
كنت الهنيء لو أن روحي في يدي   مقسومة روحي بكل مكـان
في السين في ريف الكناية شطرها   في المجدلانيـة في ربى لبنـان

ومسعود سماحة يرى أن الظلم والجور، والقلق الذي تعرض له في بلاده كان من أسباب هجرته وغربته ومع ذلك فلا يتنكر لها بل على العكس فنراه يتوق إلى ذلك الرجوع ويصبو إليه معبرا عن حبه لوطنه:

أحب بلادي وإن لـم أنـم   قرير الجفـون باحضـانها
فكم أنت النفس من يأسها   ونـاءت بأثقالها أشجانها

تـــود الرجـــوع إلـــى عشهـــا	ولـــيس الرجـــوع بإمكانهـــا[1]

والياس قنصل يشكو مما صادفه من ألم الغربة فيتمنى العودة لدمشق كي ينعم بجمالها الجذاب فيقول في قصيدته "معاذ الله":

دمشق متى أعود إليك؟ إني	جرعت من النوى خلا وصبرا
وألثم فيك من شوقي ترابا	يكاد يفوح مثل الزهر عطرا[2]

ونرى الياس فرحات تدور في رأسه ذكريات الطفولة والبراءة فينشد قصيدته (بين الطفولة والشباب) وهي مخمسة طويلة تحكي قصة الشاعر في طفولته، ونظمها حنينا وشوقا لتلك المرابع الخضراء فيقول:

واها على هاتيكم الليالي	واها على ساعاتها الغوالي
وحبذا "الغدير والحيالى"	وما لدى النهرين من جمال

وما لتلك الأرض من جلال

فإنني منذ غبت عن لبنانا	ما زلت أمشي تائها حيرانا
علني أن أحالف الخسرانا	أولا فإن احتمل الهـــوانا

والنفس لا تقبل الهوانا[3]

---

(١) ديوان مسعود سماحة ص ٢٦.

(٢) ديوان السهام - الياس قنصر ص ٤٤.

(٣) ديوان فرحات، ص ٣٩.

هذه النماذج تعطينا فكرة واضحة عن مدى حب هؤلاء الشعراء لأوطانهم وتعلقهم بها، وما أكثرها في دواوين شعراء المهجر، ولكن المجال لا يسمح لنا بأن نطيل في سردها هنا.

وهناك ضرب آخر من ضروب حب الوطن والتعلق به. وهو:

٢- الشعر القومي:

وهو لون من ألوان الشعر الذي امتاز به شعراء المهجر الجنوبي حيث إن غيرتهم على وطنهم وأبنائه دفعتهم إلى هذا اللون الذي يمتلىء حماسة وحبا".

فعندما هاجروا تحت الضغوط السياسية، والاجتماعية كان لهذه الظروف أثر كبير في بث مشاعر الحماس في قصائدهم التي كانوا يحذرون فيها اخوانهم في الوطن من المستعمر الغاصب. الذي يغتنم الفرص ليكون له أصبعا في السيطرة على البلاد، علاوة على ذلك كانت مشاعرهم تتجاوب مع كل حادثة تمر بالأهل والوطن لا سيما وأن الوطن العربي كان في تلك الفترة مسرحا للحوادث والفواجع وكانت مشكلة فلسطين من أهم المشاكل التي أججت حماس المهجريين، والنزعة القومية ظهرت في المهجر الجنوبي أكثر من غيره وبخاصة عند الشاعر القروي، والياس فرحات، والياس قنصل. فرأينا دواوين شعرية تدور حول الشعر القومي "كالعواصف" للقروي، "والسهام" "وعلى مذبح الوطنية" للياس قنصل وغيرها.

وأمثلة الشعر القومي ما قاله الياس فرحات في معركة ميسلون عند إعلان الثورة السورية بقيادة سلطان باشا الأطرش:

يا ميسلون تجدد العمل	لعلاك فليجدد الأمل
أبني الشام اليوم يومكمو	للمجد هذا الحادث الجلل

لا عــــــذر للمتلكئــــين فقـــــد   طفــح الإنــاء وضـــاقت الحيـــل
إن كـــان في جســم الحمـــى دمــل   فمـــن الهـــدى أن تفقـــأ الدمــــل (1)

فهو يدعو أبناء وطنه أن يهبوا عاصفة شديدة على المستعمر وأعوانه ليخلصوا البلاد من شرهم ويرى أن المستعمر هو السبب في تشتيت وحدة العرب وتفريق كلمتهم. وهي سياسة خبيثة ينسج على منوالها لتبقى له السيادة التي من خلالها يحقق أطماعه فيقول في قصيدته "دولة من كل دين":

مـــــن ربى لبنــــــان يعلـــــو   صــــوت أحـــــرار البـــــلاد
إن مـــــر المـــــوت يحلـــــو   في ســــــبيل الاتحــــــــاد
لا تطيــــق الشـــــام ضيمـــــا   مـــــن عتـــــاة معتديـــــــن
فرقــــوا الاخـــوان كيمـــــا   يســــــتمروا حاكميــــــــن
يــــــا فلســــطين الكئيبـــــة   أخـــت لبنـــان الحزيـــــن
أمنـــــا الشــــام الحبيبــــة   أبعـــدوا عنهـــا البنيـــــن
وأقـــــاموا في رباهـــــــا   دولـــة مـــن كـــل ديـــــن (2)

ولم يقتصر عمل المهاجرين على التحذير من المستعمر والدعوة إلى الوحدة بل نراهم يشاركون أهلهم في أفراحهم، وأحزانهم فما تهب عليهم كارثة إلا قاموا يجمعون الأموال ويحثون على التبرع لإغاثة المنكوبين في أرض الوطن.

---

(1) ديوان فرحات: ص ١٨٠.

(2) ديوان فرحات ص ١٦٩.

فعلى أثر قيام الحرب العالمية الأولى حدثت مجاعة في بلاد الشام فأخذ الشعراء ينظمون القصائد التي تلهب المشاعر وتحثها على التبرع والجود، لإعانة الأهل فنرى نسيب عريضة يقرع المتقاعسين عن النجدة ويقول في قصيدته "النهاية":

كفنوه، وادفنوه، اسكنوه هوة اللحد العميق

واذهبوا لا تندبوه، فهو شعب ميت لا يفيق

ذللوه، قتلوه، حملوه، فوق ما كان يطيق

حمل الذل بصبر من دهور، فهو في الذل عريق

ويقول:

ولنتاجر في المهاجر، ولنفاخر بمزايانا الحسان

ما علينا إن قضى الشعب جميعا، أفلسنا في أمان!؟

رب ثار، رب عار، رب نار، حركت قلب الجبان

كلها فينا، ولكن لم تحرك، ساكنا إلا اللسان

وقول نعمة الحاج: داعيا للنجدة والإعانة للأهل في الشام، تحت عنوان "الى الإعانة":

بم التسلي وهل شيء يسلينا؟ والموت يفتك فتكا في أهالينا

يا للبلاء ويا عظم الشقاء ويا فقد الرجاء، فقد خابت أمانينا

أيصرخون وننبو عن إغاثتهم ويسألون ولم نمدد أيادينا

فاسرعوا يا بني أمي فإخوتكم يستنجدون بكم كونوا ملبينا

ويقول مسعود سماحة في نفس الهدف:

أمهـــــاجري لبنــــان إن بارضــــــه زمـــرا مـــن الاخـــوات والاخـــــوان
حـــل الـــبلاء بـــدورهم وبدورهـــــم بعـــد الكـــمال بلـــين بالنقصـــــان
أنـــتم هنـــا بهنـــا وعـــــز، وارف وهـــم هنـــاك بذلـــة وهـــــوان
لا تســـكبوا دمعـــا وجـــودوا إنمـــــا كـــف الجـــواد تســيل لا العينـــــان

ورشيد الخوري يقول في مناسبة "وعد بلفور":

الحق منك ومن وعودك أكبر فاحسب حساب الحق يا متجبر

تعد الوعود وتقتضي إنجازها مهج العباد خسئت يا مستعمر

ويحث إخوانه المهاجرين للتبرع ولنجدة إخوانهم ببر الشام فيقول:

ويا آكل الجوز، واللوز مهلا أكلت اللباب فجد بالقشور

تذكر جياعا ببر الشـــام وبر الشام أعز البـــرور

وهذه الأمثلة بما فيها من صدق المشاعر والأحساسيس تدل دلالـة قاطعـة عـلى حـب المهاجر لوطنه الذي يرى فرحته، وسعادته سعادة له، وألمه وحزنه حزنا وقلقا له.

وإن امتاز شعراء المهجر جميعـا بالشـعر الـوطني إلا أن شـعراء المهجـر الجنـوبي أكـثر صدقا وأكثر إنتاجا من هذا اللون الشعري.

ولعل اعتزاز مهاجري الجنوب بوطنهم يرجع إلى البيئة التي نزلوا بها حيث إن أمريكـا الجنوبية لا تختلف في تفوقها الحضاري شيئا عن بلاد الشام كما أن شـعبها لا يفـوق الشـعب العربي ثقافة وحضارة، حيث إن معظـم أهلهـا يعيشـون عـلى الزراعـة والتجـارة وهـي مهـن يمارسها الشعب العربي في أرض

الوطن، كل هذه العوامل أغرتهم وساعدتهم على المفاخرة بأمجادهم العريقة، وماضيهم التليد. أما مهاجروا الشمال فقد نزلوا في بيئة قطعت شوطا بعيدا في الحضارة والرقي والتفوق المادي لذلك لم تكن لديهم نفس القاعدة الارتكازية التي انطلق منها شعراء المهجر الجنوبي في التعبير عن الاعتزاز بقوميتهم.

ومهما يكن من شيء فإننا نرى أن شعر الحنين والقومية يمتاز بخصائص لم نعهدها في أشعار العصور السابقة فبينما كان الشاعر القديم إذا أراد التعبير عن مدى حبه وحنينه لوطنه فإنه يبدأ بذكر الاسباب التي ولدت الحب في نفسه كما فعل ابن الرومي مثلا حيث قال:

وحببت أوطان الرجال إليهم مآرب قضاها الشباب هنالك

أما شعراء المهجر فقد أخرجوا لنا أشعارا تمتاز بأنها تحمل مشاعرهم ونفوسهم التي أذابوها حنينا، وشوقا لأوطانهم، فإذا ما استعرضنا نصا شعريا في الحنين فإننا نلمس من خلال الفاظه روح الشاعر بكل ما فيها من بؤس وشقاء وحرمان.

ولعل الصدق الفني في أشعارهم يرجع إلى صعوبة الحياة التي صدموا بها بادئ أمرهم - خاصة في المهجر الجنوبي - بالإضافة إلى الحالة البائسة التي تركوا وطنهم وأهلهم يرزحون تحتها.

لذلك فالحنين إلى الوطن يداعب أحلامهم ويهز مشاعرهم مع كل نسمة تمر عليهم ومع كل عبير زهرة يتنشقون عطرها، فيحنون حنين من فقد الأمل في العودة ولم يجد له مواسيا، ومسليا سوى تلك الأطياف، والذكريات الجملية التي أخرجوها أشعارا صادقة ومؤثرة وكأنها قطعة من نفوسهم. فكان وقعها على النفس أعمق، وأثرها أكبر من تلك الأشعار التي كنا نسمعها على ألسنة

الشعراء القدامى وخاصية أخرى لهذا الشعر، إنه كان أداة إصلاح وعلاج لشئون الحياة في أوطانهم، فما تلم الكارثة بأرض الوطن إلا قام المهاجرون يحللون أسبابها، ونتائجها، والعبرة المستفادة منها، ويبعثوا بها أشعارا محذرة ومرشدة لأهلهم.

وما يتعرض الأهل لضائقة مالية إلا خفف عنهم الأبناء بجمع المال لنجدتهم كما رأينا آنفا عندما وقف شعراء المهجر يحثون بأشعارهم إخوانهم على التبرع لنجدة ذويهم من المجاعة التي أصابتهم بعد الحرب العالمية الأولى.

فشعرهم الوطني يمتاز بالحماسة، والقوة، والصدق العاطفي، والعمق الفكري الذي يسخرونه لخدمة إخوانهم على أرض الوطن، فهو متعدد الجوانب الأمر الذي أبرز قيمته الأدبية.

وهذه ميزة في شعراء المهجر عامة دون غيرهم.

ويرى الأستاذ أنيس المقدسي أن حنينهم قد خف بعض الشيء مع الزمن [١] ولعل ذلك يرجع إلى اندماج الرعيل الأول من المهاجرين بالحياة المادية الغربية التي شغلتهم، وأخذت منهم أوقاتهم، مما جعل حنينهم يفتر شيئا فشيئا. لأن طبيعة الإنسان تساعد على ذلك حيث إن الفرد عندما يفارق أهله ومحبيه يصاب بادئ الأمر بنوبات من القلق وشحطات من التأمل والتفكير في الذين فارقهم، وفي ذكرياته الجملية معهم خاصة عندما يجد نفسه وحيدا بين أناس يختلف عنهم بعاداته وتقاليده ولغته.

---

(١) الاتجاهات الأدبية، جـ٢ ص ٨٠.

وما أن يندمج ويتطبع بعاداتهم، وتقاليدهم وينشغل بمهمات الحياة حتى يجد نفسه، وتفكيره قد تفرق على جزئيات الحياة المتعددة وأصبح نصيب أهله، ووطنه قليلا، إذا قيس بأول الأمر.

وما دمنا بصدد الحديث عن ارتباط المهاجرين بأوطانهم فهناك واجب على المهاجرين أنفسهم اتجاه أبنائهم الذين ولدوا في المهجر وانطبعوا بالطابع الغربي.

وهذا الواجب يتمثل في العمل على تعريف الأبناء بأوطانهم وعروبتهم، وتقاليدها الأصيلة ولغتها العريقة، وذلك باصطحاب الأبناء من آن لآخر في رحلات إلى الوطن الأم ليشاهد الأبناء طبيعة وطنهم الجميلة ولترتسم في عقولهم تلك الصورة التي يجب أن تكون موضع حب وتقدير.

ويجب أن يعملوا على فتح المدارس العربية في الأحياء التي يعيشون فيها في المهجر لنبقي على عنصر فعال في ارتباط الأبناء بالوطن العربي وبتراثه العربي العريق. وهناك دور أساسي للأم والأب في تنشئة أطفالهم على العادات، والتقاليد العربية بالإضافة إلى اللغة العربية التي هي الأساس، وذلك خوفا من أن يطغى الغرب على عقولهم وتفكيرهم، ولغتهم، وتقاليدهم.

فهذه مسألة جديرة بالاهتمام لما لها من أهمية بالغة في كسب عنصر ـ جديد وفعال ليقوم بواجبه أمام أمته ووطنه.

ولعل هذه المشكلة أثرت في نفوس المهاجرين ولفتت أنظارهم إلى خطورتها فهبوا يحذرون وينبهون تجنبا للوقوع في براثنها فنرى الشاعر محبوب الشرتوني يقول في طفلين لصديقه:

ومن ينشئ على الإيمان صبيته   فإنما هو يبني فوق أركـــان

علمهما لغة الأجداد عن كـثب واملأ فؤاديهما من حب لبنـان[1]

ويقول في موضع آخر منبها إلى نفس الموضوع وأخطاره:

أبنـاء لبنـان والمكسـيك تجمعنـا فلنـذكر الـدار عـن بعـد نحييـها
عطفـا عـلى لغـة الأعـراب يربطكـم بمـن ولـدتم مـن الأبنـاء باقيهـا
إن المبـادئ في الابنـاء عـن صغـر بنايـة همـة الآبـاء تبنيهـا
إذا فشـت عجمـة الأبنـاء عندكـم ضـاعت عـلى الأرز آمـال يرجيهـا[2]

ومثل الشرتوني نرى الياس فرحات يقول تحت عنوان "نحن عرب أولادنا افرنج" وهـو يصف مدى تأثير الغرب عـلى هـؤلاء الأبنـاء الـذين انطبعـوا بالطـابع الغـربي حتـى أصـبحوا كالأعاجم لا يعرفون لغة الأبناء فيقول:

وصـلتنا بـذوينا لغـة لم تصـلنا ببنينـا الظرفـاء
إن نقـل قـولا فصـيحا بينهـم رددوه بلسـان الببغـاء
خـالطوا العجـم فصـاروا مثلهـم دأبهـم للعـرب اضـمار العـداء[3]

وبعد ذلك نستيطع القول بـأن شـعراء المهجـر كـانوا يـذوبون حبـا وحنينـا لأوطـانهم وحبهم هذا خلف لنا قصائد من أروع مـا فاضـت بـه قـرائح شـعراء الحنـين في كـل العصـور السالفة.

---

(1) ديوان مبحوب الشرتوني ص ١١٠.

(2) ديوان محبوب الشرتوني ص ٩٣.

(3) ديوان فرحات ص ١٩٧.

والسبب في ذلك تلك الصدمة التي صدمهم بها العالم الجديد بحياته المادية المعقدة التي أورثتهم كرها، وحقدا لتلك الحياة، وزحامها وفي نفس الوقت أشعلت في صدورهم الحب والحنين للروحانية الشرقية وجمالها، وبساطتها، الأمر الذي نتج عنه هروبهم إلى الطبيعة والجمال التي تعتبر رمزا لبلاد الشام.

٣- شعر الطبيعة:

لقد كانت الطبيعة هي الملهم الأول لمواهب الشعراء على مدار العصور المتتابعة منذ الجاهلية وحتى عصرنا الحاضر.

إلا أن الطريقة التي يتبعها الشعراء في تناول مظاهر الطبيعة تختلف من عصر لآخر ومن بيئة لأخرى ومن شاعر لآخر. فعندما كان الشاعر الجاهلي يعيش في البيئة الصحراوية القاحلة كان شعره مرآة لبيئته بكل مظاهرها وبخاصة مظاهر الطبيعة من حوله فكان إذا أطلق بصره في الأفق الواسع لم يجد أمامه غير الرمال والسماء الصافية والشمس المحرقة، والليل الساكن، والنجوم وغيرها فجاء شعره في الطبيعة مصورا لتلك المظاهر وواصفا لها. بطريقة تقريرية. فكان يشبه الليل بموج البحر وبالمداد الأسود. وكان يشبه النجوم بالدرر المنثورة على بساط أزرق وغيرها من التشبيهات الصائبة التي تبعث الإعجاب والتقدير للقدرة التعبيرية والتصورية عند الشاعر. فهو يقوم بوصف المشهد الطبيعي بتقسيمه إلى جزئيات لا تظهر نفس الشاعر فيها فتصويره للمشاهد مبني على عدم الاتصال والألفة، والامتزاج بين الشاعر وما يصف،

فيتناول الشكل الخارجي دون الجوهر ويرسم تفاصيل المنظر الطبيعي الخارجي دون أن يستشف ما وراءه [1].

وأما شعراء المهجر فقد اختلفت المظاهر الطبيعية التي يشاهدونها عن تلك المظاهر في الجاهلية مثلا فتبدلت الناقة بالسيارة والطيارة والسيف بالمدفع والدبابة والصحراء القاحلة الموحشة، بالطبيعة الخضراء والمدينة المتحضرة، حيث إن المهاجرين دخلوا في عصر الحضارة والتقدم، مما ساعد على ترقيق مشاعرهم وأحاسيسهم بالإضافة إلى تعقيد الحياة التي جعلتهم يهربون إلى الطبيعة ويشكون إليها همومهم ويبثونها أحزانهم فيشركونها في أفراحهم، واتراحهم، ويتفاعلون معها، ويتعاطفون مع مشاهدها، كما فعل ميخائيل نعيمه أمام النهر المتجمد. فقد جسدوا الطبيعة تجسيدا يبعث فيها الحركة والروح والحياة بأسلوب إيحائي جميل.

ولا يغيب عن الأذهان أن المهاجرين كانوا في بداية أمرهم يحملون خصائص الشعر العربي بتمامها. وبعد تفاعلهم مع الحياة الغربية بماديتها وحضارتها، وإطلاعهم على أداب الغرب وأشعاره التي تتسم بحيويتها وتأملاتها خاصة في مشاهد الطبيعة فكان لاتصالهم هذا أثر كبير في إنتاجهم لشعر الطبيعة التي هاموا بها، وقدسوها والتجأوا إليها يناجونها ويستلهمونها روائع الشعر الذي جادت به قرائحهم فالطبيعة عندهم كائن حي تحس، وتشعر، وتتألم، تماما كما يحس الإنسان بحواسه الخمس لذلك كانوا يفكرون من خلالها ويجدون فيها صورا من أنفسهم فيخاطبونها ويواسونها محاولين

---

(١) ابو شادي وحركة التجديد - كمال نشأت، ص ٣٠٦.

التخفيف من آلامها وقصيدة "النهر المتجمد" لميخائيل نعيمة تعطينا صورة صادقة لخصائص شعر الطبيعة المهجري فيقول نعيمة مخاطبا النهر الذي تجمدت مياهه خطاب من يعقل.

يــا نهــر هــل نضـبت مياهـك فانقطعـت عــن الخريـر؟

أم قــد هرمــت وخــار عزمــك، فانثنيــت عــن المسـير؟

بــالأمس كنــت إذا اتيتــك باكيـا ســليتني

واليــوم صـرت إذا اتيتــك ضــاحكا أبكيتنــي

بــالأمس كنــت إذا ســمعت تنهــدي وتــوجعي

تــبكي... وهــا أبكـي أنــا وحــدي ولا تــبكي معــي!

بعد هذه التساؤلات التي وجهها الشاعر للنهر حين وجده جامدا لا حراك فيه أهل كان ذلك الجمود لنضوب مياهك أيها النهر؟ أم لأنك هرمت وخارت قواك؟ لقد كنت أيها النهر حينما أجيئك حزينا تواسيني، وتخفف آلامي، واليوم انعكست الحالة فإذا أتيتك ضاحكا أبكيتني وقد اختار الشاعر لهذا الموقف الحزين ما يلائمه من الألفاظ التي تبعث الأسى والحزن في النفس بأسلوب مناسب للجو الذي قيلت فيه التجربة الشعرية الحزينة. فنراه يأتي بألفاظ توحي إلينا بما في نفس الشاعر من ألم وحزن مثل الألفاظ : نضبت، انقطعت، هرمت، انثنيت، أبكيتني، وتهدى، وتوجعي. بالإضافة إلى الألفاظ الحزينة والأساليب الملائمة للحزن نراه أيضا يأتي بالصور الخيالية الموحية بالحزن فنراه يقول في تصوير جمود الماء في النهر بالأكفان والقيود الجليدية:

ما هذه الأكفــان؟ أم هذي قيود من جليـد؟

وبعد ذلك يأخذ في مواساته بأن الشتاء سيزول ويأتي الربيع فتفك قيـودك أيهـا النهـر، ويعود لك جمالك، ويختم القصيدة بأبيات تدل على النزعة التشاؤمية التي كانت سائدة عند أغلب شعراء المهجر، فيقول:

يا نهر ذا قلبي أراه كما أراك مكبـــلا

والفرق أنك سوف تنشط من عقالك... وهو لا [1]

ونراه في موشحه يخاطب الرياح، بقوله:

هلـــلي هلـــلي يـــا ريــــاح	وانســجي حــول نــومي وشــــاح

مـــن خريـــر الغديـــر	واهتــــزاز الأثيــــــــر

واخـــتلاج العبيـــــــر	في دمـــــوع الصبــــــــاح

هللي، هللي، يا ريـــاح [2]

وإيليا أبو ماضي الذي جعل من الطبيعة معلما له، وللناس أجمعين فهـي الـذي تعلـم الحب والخير والعدل والسعادة.

أما الانسان فيعلم الجهل، والشر، والقتل، والسرقة، وغيرها. لذلك جعل حـب الطبيعـة مقترنا وملازما لحبه الإنساني فيقول في قصيدته "المساء" مخاطبا حبيبته "سلمى":

فاصغي إلى صوت الجداول جاريات في السفـــوح

واستنشقي الأزهار في الجنات ما دامت تفـــوح

(١) ديوان همس الجفون - ميخائيل نعيمة ص ١٠.

(٢) ديوان همس الجفون ص ٧٨.

وتمتعي بالشهب في الأفلاك ما دامت تلـــــوح

من قبل أن ياتي زمان كالضباب، أو الدخـــــان

لا تبصرين به الغدير ولا يلذ لك الخرير[1]

ففي هذه الصورة المشرقة لمظاهر الطبيعة التي تتألف من عدة أجزاء استطاع الشاعر أن يمزج لنا الحب بالطبيعة وهي تمثل فلسفة أبي ماضي التفاؤلية التي امتاز بها عن أقرانه من شعراء المهجر الذين تغلب عليهم النزعة التشاؤمية، فنراه هنا يدير حوارا بين الأمل والتشاؤم وينتهي بتغليب الأمل على اليأس، والتفاؤل على التشاؤم وهذا الشاعر القروي يخاطب ورود الحديقة وقد غمره ذبول الحزن الذي يغمرها، فيقول:

تتشـــــكى لي الـــــــورود كلـــما عـــدتها ضحـــــــى

صـــل يـــا شـــاعر الزهـــر صـــل للشـــمس والقمـــر

ذهبـــت حمـــرة الخـــدود مـــا عـــلى الجـــو لـــو صحـــا

تتشـــكى لي الـــورود كلمـــا عـــــدتها ضحـــــــى

منظـــر الزهـــر في ذبـــول منظـــر يبعـــث الأســـى[2]

وعندما نستعرض مواكب جبران نجد أنها دعوة إلى التحرر من الثنائية المتمكنة في القلوب، ولا يكون ذلك إلا بالهروب إلى مكان الأمن والهدوء والبساطة في الغاب حيث الخلود المطلق، فعمد يدير حوارا بين الطبيعة وبين

---

(1) الجداول أبو ماضي - بيروت ص ٦٠.

(2) الشعر العربي في المهجر - إحسان عباس ص ٧٦.

المدنية الغربية، وكثيرا ما نجد في أشعار المهجر ألفاظ الغاب والقفر والروض وغيرها من الألفاظ التي ترمز إلى طبيعة وطنهم.

فقد أحبوا الغاب وقدسوه واتخذوه المثل الأعلى والمقياس الحقيقي للكمال فأخذت دعواتهم تتوالى لأخذ العبرة من الطبيعة وتقليدها. وفي هذا المعنى يقول نسيب عريضة:

كن مثل بحر زاخر مرجع   للسحب ما تسكبه الأنهر

كن مثل شمس منحت نورها   لكل مخلوق ولا تشكر [(١)]

فهو يدعو للتسامح، كما يفعل البحر في جوده وكرمه والشمس، فكل منهما يعطي ولا ينتظر شكرا. فجبران يرى الغاب موئلا للناس جميعا حيث البساطة، والعدل، والمساواة فيقول:

لم أجد في الغاب فرقا   بين نفس وجسد [(٢)]

ويقول داعيا الناس للغاب:

هل تخذت الغاب مثلي   منزلا دون القصور؟

فتتبعت السواقي   وتسلقت الصخور

هل تحممت بعطر   وتنشفت بنور

وشربت الفجر خمرا   في كؤوس من أثير؟

---

(١) ديوان مبحوب الشرتوني ص ١١٠.

(٢) ديوان محبوب الشرتوني ص ٩٣.

والشاعر القروي يتحدث في مقدمة ديوانه عن اتصاله وارتباطه بالطبيعة:

" وقد تجسم شعوري بصلة القربى بيني وبين هذه الأكوان، فانعطفت على الشجرة أعانقها، والصخرة أضمها، والزهرة أناغيها، والموجة أتقلب عليها، وأمد ذراعي إلى السماء أحييها، وأبعث إلى الشمس بقبلاتي على أطراف بناني، والشمس بين روائع الطبيعة حبيبتي الأولى".

فهذا يعطينا دلالة واضحة على مدى ارتباط الشاعر وقرابته من الطبيعة وروائعها، فكلهم يجد فيها العطف، والحنان، والمشاركة الصادقة فلا عجب إذا وجدناهم يجعلونها في المقدمة، ويمنحوها حبهم العظيم، لأنها ملاذهم وملجأهم من متاعب الحياة والناس فأبو ماضي يقول في قصيدته (في القفر) إن الطبيعة قبلته ومعبودته:

سئمت نفسي الحياة مع الناس ... وملت حتى مع الأحباب
قالت اخرج من المدينة للقفر ... ففيه النجاة من أوصابي
وليك الليل راهبي، وشموعي ... الشهب، والأرض كلها محرابي
وكتابي الفضاء أقرأ فيه ... سورا ما قرأتها في كتاب
وصلاتي التي تقول السواقي ... وغنائي صوت الصبا في الغاب[1]

وفي (الغابة المفقودة) لنرى أن الطبيعة سببا في إيمان أبي ماضي بالله فيقول:

يا لهفة النفس على غابة ... كنت وهندا نلتقي فيها
آمنت بالله وآياته ... أليس الله باريها

(١) الشعر العربي في المهجر - عبد الغني حسن ص ١٢١.

ونسيب عريضة يزيد على ذلك بأنه أباح لنفسه التعري في الغاب مع نفسه فيقول:

فصــاحت الــنفس بي وقالــت   مــالي وللنــاس والزحــام
أجبــت، يــا نفسيــ فاتبعينــي   فلــيس كالغــاب مقــام
يــا غــاب جئنــاك للتعــري   أنــا ونفسيــ ولا حــرام [1]

ولم يقتصر حديثهم عن الغاب فحسب بل تناولوا كل شيء في الطبيعة وناجوه حتى أصغر الحشرات، فلهم قصائد في الفراشة المحتضرة لأبي ماضي، والدودة لنعيمة، والعصفور للقروي وخاطبوا البحر، والشمس، والشجر، والنجم، والغروب، فلم يتركوا صغيرة أو كبيرة ولم يوجدوا بينهم وبينها إلفا وامتزاجا.

وهناك ما يزيد عن وصفهم للطبيعة وإعجابهم بها وهو أنهم سخروها كأداة يعبرون من خلالها عن آرائهم ويبثون فيها أحاسيسهم نحو المجتمع ومشكلاته ونقده بطريقة رمزية ويتمثل ذلك في ديوان "أحلام الراعي" لفرحات حيث أنه يدور بكامله حول الطبيعة وجمالها ونقد المجتمع ومساوئه فنأخذ مثلا قصيدة "سلام الغابة"".

وتدور فكرتها على أن الإنسان أكثر ضراوة من الحيوانات المفترسة.

ومثل فرحات في قصيدته "البلبل الساكت": حيث يصور فيها أزمة الحرية في وطنه أمام ضراوة الحكم التركي وهي قصيدة رمزية ناقدة.

وهناك قصائد متعددة حول الطبيعة ومظاهرها المختلفة.

---

(1) ديوان احلام الراعي ط2 ص39.

ويغلب على شعر الطبيعة عند المهجريين أنه يدور على المحاورة الداخلية كما تمثل ذلك في ديوان أحلام الراعي لفرحات. الذي يضم ست مطولات شعرية لم نجدها في الشعر العربي الذي يدور حول الوصف، والتشبيه بعكس شعر الطبيعة عند المهجريين الذي يتسم بالامتزاج والتعاطف والمشاركة الوجدانية للطبيعة.

فأدب الطبيعة عند المهجرين أدب عصامي[1]

لم يرتد حلة من حلل التقليد ولم يلبس ثوبا من الأثواب القديمة، لقد كان جديدا في قوالبه، وأزيائه، جديدا في مضامينه وأفكاره، مجددا في تناوله للطبيعة من مختلف جوانبها، كما رأينا في بعض النماذج التي أثبتناها.

٤- النزعة الإنسانية:

لقد كان من مبادئ وأهداف الرابطة القلمية أن تسخر الأدب بشعره ونثره لخدمة الحياة والمجتمع الإنساني بكل ما يعتريه من أفراح وأتراح. وجعلوا قيمة العمل الأدبي كامنه في مقدار ما يقدمه من خدمة للإنسان والحياة.

فعندهم:

"إن الأدب المعتبر هو الذي يستمد غذاءه من تربة الحياة ونورها وهوائها، والأديب الذي نكرمه هو الأديب الذي خص برقة الحس ودقة الفكر، وبعد النظر في تموجات الحياة وتقلباتها ومقدرة البيان عما تحدثه الحياة في نفسه من التأثير".

---

(١) الأدب العربي في المهجر - حسن جاد ص ٢٦٠.

وبناء على ذلك نرى أن شعراء المهجر قد قدموا للإنسانية أشعارا كثيرة تنبض بالحياة والحركة، والنظم، والقوانين والتعاليم السامية، مع مسحة من الروحانية الشرقية الإنسانية، فشعرهم يعتبر ميدانا فسيحا للحب المطلق لكل ما في الوجود وبخاصة الإنسان الذي هو الأساس في تكوين المجتمع البشري.

فعملوا ما في طاقتهم لتقديم كل ما يسعد الإنسان ويدخل على قلبه البهجة والسرور فنادوا بإشاعة الأمن والطمأنينة والعدل، والمساواة بين جميع أفراد المجتمع دون تمييز بين طبقة وأخرى أو بين فرد وآخر.

لذلك كثيرا ما نلمس في أشعارهم الألفاظ المليئة بالحب والعطف والحنان فكثيرا ما يقولوا يخاطبون الإنسان بيا أخي ويا رفيقي ويا صاحبي.

ومصدر هذه الألفاظ هو الشعور الداخلي بأن جميع أفراد المجتمع لهم أحبابا وأخوة وسواسية لا فرق بين غني وفقير أو طويل وقصير.

وهذه الميزة لم نعهدها منتشرة في الشعر العربي قبل ظهور شعراء المهجر وإن وجدت فإنها لم تصدر عن العاطفة المتأججة التي يصدر عنها شعر المهجر الإنساني.

فهم حريصون أن يسود الأمن والسلام، والفرح والسعادة، كل افراد المجتمع دون استثناء ولولا حرصهم هذا لما وجدناهم يعممون دعواتهم إلى الناس جميعا كي يهربوا إلى الغاب والطبيعة حيث العدل والأمن والخلود، وهي دعوات مبثوثة في أشعارهم جيمعا كما بينا في حديثنا عن شعر الطبيعة عندهم.

ولعل أبا ماضي من أطول شعراء المهجر باعا في هذا المضمار حيث إنه يرى أن الحرية هي الأساس، والدعامة الأولى التي يقوم عليها المجتمع الأمثل.

لذلك فقد خصص عدة قصائد تدور حول الطبقات الإنسانية وخاصة البائسة منها.

فله قصيدة في (اليتيم) و (الفقير) و (الطين) و (التينة الحمقاء) و(الحجر الصغير) وهذه القصائد وغيرها تدور حول فكرة إبراز حقوق الطبقات الضعيفة والوقوف بجانبها لتنال حظها من السعادة، والبهجة. فهو يدعوها دائما إلى التفاؤل والاستبشار والإقبال على الحياة بجد واجتهاد، معرضين عن التشاؤم الذي يبعث الأسى والحزن في النفس. فيقول في قصيدته: "ابتسم":

قال: السماء كئيبة وتجهما ... قلت ابتسم يكفي التجهم في السما
قال الصبا ولى فقلت له: ابتسم ... لن يرجع الأسف الصبا المتصرما
قال الليالي جرعتني علقما ... قلت: ابتسم ولئن جرعت العلقما!
فلعل غيرك إن رآك مرنما ... طرح الكآبة جانبا وترنما [1]

من خلال هذه الأبيات نرى مدى عمق النزعة التفاؤلية عند أبي ماضي ومحاربته للتشاؤم.

فمع كل ما أتى به الإنسان من مبررات الشؤم والحزن فشاعرنا يلومه ويعتب عليه ويدعوه في كل مرة إلى التفاؤل والابتسام فإن لم يقتنع بدعوته يطلب منه التبسم كي ينتفع به الغير.

ونراه في قصيدته (الطين) يدعو إلى عدم التكبر والتعالي على الآخرين، فالمساواة حق يجب أن ينتشر بين جميع أفراد الكون، فهو يستعمل فلسفته في

(١) ديوان الخمائل - أبو ماضي ص ٣٦.

الحياة لتكون خادمة لنشر مبادئه فبأسلوبه المنطقي، وألفاظه التي تمتلئ بالحب، والحنان يخاطب الغني المتكبر بقوله:

يـا أخـي لا تمـل بوجهـك عنـي ... مـا أنـا فحمـة ولا أنـت فرقـد

انـت مـثلي في الـثرى واليـه ... فلـماذا يـا صـاحبي التيـه والصـد (١)

فأساس المساواة يرجع إلى المادة فكل الناس مهما اختلفت مستوياتهم ومراكزهم الاجتماعية، فهم متساوون في الأصل فمن باب أولى أن يتساووا في المعاملة في كل شؤون الحياة.

ويقول في اليتيم:

إنني كلـما تأملـت طفـلا ... خلـت أني أرى ملاكـا سويـا

اليتـيم الـذي يلـوح زريـا ... لـيس شـيئا لـو تعلمـون زريـا

إن هـذا الطفـل الصـغير مـلاك ... كيـف ترضـون أن يكـون شـقيا (٢)

وغير أبي ماضي نرى نسيب عريضة يدعو إلى التكاتف والتعاون أمام مصاعب الحياة ومشاكلها بكل جد وصبر، وكفاح، وهي دعوة سامية ومثالية ففي قصيدته التي تحت عنوان "يا أخي. يا أخي" يقول:

يـا أخـي، يـا أخـي المصـاعب شتـى ... وبعيـد مرادنـا والمـوارد

يـا أخـي، يـا رفيـق عـزي وضعفـي ... سر نكابـد إن الشـجاع المـكابد

(١) ديوان الخمائل - أبي ماضي ص ١٢٣.

(٢) إيليا أبو ماضي رسول الشعر الحديث: الناعوري ص ٢١.

فـإذا مـا عييـت تسـند ضعفـي   وانـا بعـد ذا الضـعفك سانـد [1]

من خلال الظلم والتباين بين حالات الناس المعيشية حيث يكون الفقـر نصيبا لمجموعـة من الناس التعساء، الذين يعانون ضراوة الحياة، وجبروت الأغنياء، فقد انبثقت أشعار المهجـر مليئة بالعواطف الصادقة، والمشاعر النبيلة، اتجاه تلك الطبقة البائسة الفقيرة.

ولعل السر في تركيزهم على هذه الآفة الاجتماعية - ينبع من وقـوعهم جميعـا تحـت قوتها، وبطشها خاصة في بدء حياتهم. ولا يحس بالمشكلة ولا يستطيع التعبير عنها تعبيرا مثل الذي عاناها واصطلى بنارها، فكلهم عـاصروا الفقـر، وعايشـوه، فهـم أصـدق مصـور لحقيقـة الفقراء.

لذلك كـثرت دعـواتهم للمسـاواة، والعـدل، وإزالـة الفـوارق الطبقيـة، ليقـف الجميـع سواسية أمام القانون، ولا نكاد نجد ديوانا شعريا مهجريا يخلو من هذه الدعوة وبخاصة عند أبي ماضي ومسعود سماحة وجبران وغيرهم. ولا غرابة في ذلك لأنهم جميعـا تعرضـوا لعوامـل نفسية واحدة، وامتحنوا بالشقاء من مصادر الحياة الواحدة الشاملة.

فهذا جبران خليل جبران يقول تحت عنوان "يا خليلي الفقير":

"يا من ولدت على مهد الشقاء وربيت على أحضان الذل وشـببت في منـازل الاسـتبداد أنت الذي تأكل خبزك اليابس بالتنهد وتشرب ماءك العكر ممزوجا بالدموع والعبرات أنتم يـا أحبابي الضعفاء شهداء شرائع الإنسان

(١) مناهل الأدب العربي جـ٣ ص ٢٨.

وأنتم تعساء، وتعاستكم نتيجة بغي القوي وجور الحاكم، وظلم الغني وأنانية عبد الشهوات"[(١)]

فبعد أن يصف حالة الفقير القاسية التي لازمته منذ ولادته حيث شب في منازل الأغنياء عبدا ذليلا ويلقي بالمسئولية على عاتق الشرائع الإنسانية الظالمة وظلم الغني وجور الحاكم فهو يخاطبهم بألفاظ تشع بالحب والحنان محاولا مواساتهم والتخفيف من آلامهم مع النقمة على من تسبب في تعاستهم وسلب حقوقهم المشروعة.

ومسعود سماحة -يقول- انطلاقا من نفس الشعور - في قصيدته: "ألا فلتعش المساواة":

ألا فلتعش بين القلوب عزيزة وتحيي بأفكار الشعوب المساواة

فما هي إلا سلم للألى نعوا تؤدي إلى المجد الرفيع ومرقاة[(٢)]

فهذه دعوة نابعة من شعورهم بالاضطهاد والظلم في بلادهم خاصة من الناحية الدينية وتحزباتها التي جرت عليهم كثيرا من الويلات، لذلك كثرت دعواتهم للمساواة وإقامة مجتمع اشتراكي دميقراطي على أسس الأخوة والمحبة الإنسانية، فيجب على الغني أن يتواضع في كبريائه، ويعطف على أخيه الفقير، كي يزيل من صدره الحقد والحسد عليه فيقول أبو ماضي مفلسفا فكرة المساواة اعتمادا على المساواة في الجوهر والأصل:

قـل للغنـي المسـتعز بمالـه مهـلا لقـد أسرفـت في الخـيلاء

(١) المجموعة الكاملة لجبران، جـ٢ ص ١٤٣.

(٢) ديوان مسعود سماحة ص ١٠٧.

جبـل الفقـير أخـوك مـن طـين ومـن ... مـاء ومـن طـين جبلـت ومـاء
فمـن القسـاوة أن تكـون منعمـا ... ويكـون رهـن مصـائب وبـلاء [1]

ونرى الشاعر القروي يدعو إلى الكرم والجود على الضعيف والمحتاج ضاربا المثل بحبة القمح التي تنبت عشر سنابل وتمنحك محصولها هذا لتتصدق بحبة على أخيك الفقير ويخرج فكرته بصورة شعرية رائعة فيقول:

مـن حبـة القمـح اتخـذ مثـل النـدى ... يـا مـن قبضـت عـن النـدى يمنـاكا
هـي حبـة أعطتـك عشرـ سنابـل ... لتجـود أنـت بحبـة لسواكـا
حلمـت بـأن سـتعيش في خـير القـرى ... فتراقصـت للمـوت نحـو رحاكـا
وكأنمـا الشـق الـذي في وسطهـا ... لـك قائـل: نصـفي يخـص أخاكـا [2]

وهناك من أنشأ، مجموعة من القصائد تدور كلها حول أبناء الطبقة الكادحة الذين تقوم على أكتافهم أعباء الحياة الإنسانية ويساهمون مساهمة فعالة في بناء المجتمع ورقيه وهم أصحاب المهن المتواضعة كماسح الأحذية، والشيال، والبائع المتجول، والمعلم وغيرهم.

وهذا اتجاه جديد في شعر المهجر حيث وجه الأنظار إلى الاهتمام بأفراد هذه الطبقة التي هضم حقها وقد برع فيه الياس قنصل:

بينما كان الشعراء قديما ينظمون أشعارهم في مدح أصحاب الجاه والسلطان، ويقول الأستاذ أنس داود معلقا على قصائد الشاعر الياس قنصل:

(١) بلاغة العرب - ص ١٧٣.
(٢) ديوان القروي ص ١٢١.

إنه لم يصف مضمونا إنسانيا جديدا في شعره هذا ويتهمه بأنه تقليدي في روحه ويضرب مثلا بقصيدة "ماسح الأحذية".

في وجنتيه طلاقة وتورد وعلى أصابعه خضاب أسود
ضاقت به الدنيا فلم يحفل بها شتان عبد في الحياة وسيد [1]

فيقول مالنا نحن وتورد وجنتيه وهل صحيح أنه لا يحفل بالدنيا اذا ضاقت به؟ ويستمر في تعليقه بأننا لا نجد لدى الشاعر أي احساس بالحقوق الانسانية لهذا الانسان المسكين ولا بواجبات المجتمع نحوه" [2].

في الواقع ان الشاعر لولا إحساسه بأن لهذا المسكين حقا مهضوما لما اتجه للحديث عنه وخصه بقصيدة في ديوانه هو وغيره من أصحاب المهن المتواضعة:

فاحساسه بحقوقهم المهضومة كان الدافع الأول للحديث عنهم والمطالب بحقوقهم وكأني بالاستاذ انس داود أنه أراد من الشاعر ان يصرح ويقرر ان هذا المسكين له حق كذا وكذا.

وهناك نقطة يجب التنبيه عليها وهي أن من أهم مميزات الشعر المهجري عامة هو التزام العنصرالايحائي في إعلان افكارهم فهم يلمحون ولا يصرحون، ثقة منهم بذكاء القارئ الذي يعمدون إلى اشراكه في استنتاج ما

(١) التجديد في شعر المهجر - أنس داود ص ٢٧٥.
(٢) المرجع السابق ص ٢٧٨.

يكمن في صورهم الشعرية وهي طريقة مثلى في جذب القارئ لانتاجهم وادماجـه في تفكيرهم.

فعندما يتعرض لوصف وجنتيه بالطلاقة والتورد يريد بذلك أن يظهـر مـدى السـعادة التي يعيش فيها والأمل، والتفاؤل، الذي ينطلق من خلالهما رغم شقائه، وعذابه في الحيـاة إلا أن القناعة تبعث في نفسه السرور والبشر أكثر من ذلك الغني الموسر. الـذي يتحمـل ويصـعد على اكتاف ذلك المسكين، وامثاله إذا فله حقوق وواجبات علـى ذلـك السـيد يجـب أن يصـل إليها.

فالشاعر بهذه الأبيات يوحي إلينا بما قصد ابراز حقوق هـؤلاء الكـادحين الـذين يكـن لهم الحب والاحترام والعطف اكثر من غيرهم.

فإن لم يصرح بمراده علانية فهو يؤمن ايمانا كاملا بأن لهم حقوقا عند الاغنياء فبمجـرد ان يتعرض لهذا المسكين الفقير فأول ما يتبادر للذهن التفكير في الغني الذي وصل إلى ثروتـه عن طريق الطبقة الفقيرة، فمن الواجب أن يدفع لهم حقوقهم ليخفف عنهم مـن ويـلات الحياة وهذه صورة موحية للقارئ أو السامع.

ونرى إيليا أبا ماضي يقول على سبيل السخرية من الأغنياء الذين يقارنهم بالفقراء في قصيدته "كلوا واشربوا":

كلــوا واشربــوا ايهـا الأغنيـــاء	وان مـلأ السـكك الجائعــون
ولا تلبسـوا الخــز الا جديــدا	وإن لـبس الخـرق البائسـون
وإن ســاءكم أنهـم في الوجــود	وازعجكــم انهــم يعولــون
فـروا فتصـول الجنــود عليهــم	تعلمهــم كيــف فتـك المنــون

فهـــم معتـــدون وهـــم مجرمـــــون وهـــم مقلقـــون وهـــم ثائـــــرون![1]

فهو يدعو إلى المساواة وينادي بحقوق هؤلاء البائسين محـاولا تخليصـها مـن الأغنيـاء فهل يمكننا أن نقـول: إن أبـا مـاضي يقصـد حقـا أن البائسـين معتـدون ومجرمـون ومقلقـون وثائرون.

ولا يمكننا التفكير في ذلك لأنه يريد أن يقرع ويعاتب هؤلاء الاغنياء وكلامه هذا يوحي إلينا بأنه يقف بجانب الفقراء ضد الأغنياء.

كل ذلك نابع من ايمانهم بالانسان، وحقوقه كي تسود المحبة، والإخاء، بين جميع أفـراد المجتمع على مختلف طبقاته.

والمحبة عندهم تقوم على اساس التفـاهم غـير المصـحوب بأهـداف ومـآرب شخصـية. فجبران يعرف الحب الصادق فيقول:

والحب في الناس أشكال واكثرها كالعشب في الحقل لا زهر ولا ثمـر

والحب ان قادت الأجسام موكبه إلى فراش من الأغراض ينتحـر[2]

فمن خلال هذا التعريف الفلسفي النابع من التجربة الشخصية للشاعر نفسـه -نـرى أنه يجب أن تسود المحبـة الصـادقة الخاليـة مـن الأغـراض الشخصـية كي يضـمن لهـا الـدوام والسعادة التي يتطلع إليها الجميع على مختلف المستويات الفردية والأسرية.

(١) ديوان الخمائل - ابو ماضي، ص ٦٨.
(٢) ديوان القرويات ، ص ٣٧ .

خاصة بعد أن افتقدوها بعد أن شتت الغربة شملهم فالقروي يرى أن السعادة تنبثق من اجتماع الشمل بين أفراد الأسرة الواحدة ومن ثم بين افراد المجتمع ككل.

لذلك يقول متسائلا عن السعادة تحت عنوان (أين السعادة اينا؟":

في البيـــــت في "الوطــــــن الأم"	والعـــــود غـــض وريـــــق
والشــــمل عقـــد منظـــــم	أم وأب وشقيـــــــــــــق
أمريكــا ليتهــا لــــــــم	تفتـــح إليـــك الطريـــــق
مــن بعــد ذاك الهنــا كـــم	لوعتنـــا فبكينـــــــا

أين السعادة أينـــا؟

فشعراء المهجـر استطاعوا بتجـاربهم ومواهبهم الفنية ان يخرجـوا لنا عواطفهم وأحساسيسهم نحو الإنسان والمجتمع بطريقة فلسفية متطورة محاولين أن يقفوا على كل ما يدخل السعادة إلى قلبه راسمين الطريق السليم لتحقيقها. وبالمقابل الكشـف عـن كل مـا يقلقه ويسبب لـه البؤس والشقاء. ووضع الحلـول المناسبة لكل مـا يعترض الانسانية مـن مشاكل سواء أكانت راجعة لفساد الطبـائع عند النـاس أم لعوامـل خارجيـة وهـذه طريقة اصلاحية لم نعهدها في الشعر العربي القديم. في حين عج بها الشعر المهجري الـذي يتسـم بالحزن والبؤس والتشاؤم وهـي رد فعـل للحيـاة التي عاشـها هـؤلاء المهاجرون في غربتهم القاسية. وإن كـان لا يليا ابي ماضي بعض المحـاولات الداعيـة إلى التفاؤل، والاستبشـار في المستقبل والتنديد بشعراء التشاؤم والحزن.

٥- شعر التأمل:

ان الحياة الجديدة بماديتها وضجيجها وزحامها لم تملك على شعراء المهجر انفسهم ولم تشغل كل أوقاتهم. فكما رأيناهم قد برزوا من الناحية الوطنية، والقومية، والانسانية وغيرها نجد أنهم قد برزوا من ناحية أخرى لم تظهر للعيان، ولم يقف الناس على اسرارها كاملة. تلك الناحية هي النزعة التأملية أو الصوفية الباحثة عن اسرار الكون الغامض بكل ما فيه. فما كان من شعراء المهجر إلا ان رفعوا شعار الشك في كل ما يحيط بهم ويتصل بحياتهم محاولين الوصول إلى الحقيقة وكشف اسرارها العجيبة.

لذلك اطلقوا لأفكارهم وخيالاتهم العنان وتركوها تسبح في ذلك الكون وأسراره، لتطمئن نفوسهم.

وأول شيء بدأوا به هو النفس الانسانية ما طبيعتها ومن أين وجدت ومتى؟ ومن الذي أوجدها؟ وما طبيعته؟ وما سر شقائها وسعادتها؟ ولماذا تموت وهل تبعث؟ وغيرها من الأسئلة التي دارت على السنتهم.

ونلاحظ أن هذه الصبغة التأملية تكاد تغلب على شعراء المهجر الشمالي اكثر من شعراء المهجر الجنوبي ومن أبرز اعلام النزعة التأملية في المهجر الشمالي نسيب عريضة، وجبران خليل جبران، وإيليا أبو ماضي، وميخائيل نعيمة، وفي المهجر الجنوبي فوزي المعلوف وشفيق المعلوف والقروي في بعض قصائده.

فايليا أبو ماضي يصف التأمل وإطالة التفكير في الحياة بأنه يولد أوجاع النفس ويزيد من شكوكها فيقول في قصيدته "المساء":

ان التأمـــــل في الحيـــــــاة يزيــــد أوجـــاع الحيـــاة [1]

ويقول في قصيدته "الدمعة الخرساء" وهي تأملية:

حامـت حـول روحـي الشكوك كأنهـا وكـأنهن فريسـة وصقـــور
وقـد لجـات إلى الرجـاء فعقنــي أمـا الخيـال فغائـب مدحـــور
يا ليـل أيـن النـور؟ إني تائـــه نـور ينبثـق أم لـيس عنـدك نـور [2]

ومن مظاهر التأمل في الحياة وخفاياها والنفس البشرية ونوازعها ما تضمنته الحكاية الأزلية لإيليا أبو ماضي الذي استطاع ان يتغلغل إلى النفس البشرية عند أفراد الطبقات المختلفة والمتباينة: حيث إن القصيدة مبنية على فكرتين أساسيتين. الأولى: وهي عدم اقتناع الناس بقسمتهم وحظوظهم في هذه الحياة. والثانية: وحدة الوجود وهي فكرة يؤمن بها شعراء المهجر جميعا لأنهم يرون أن كل ما في هذا الوجود سواسية وشيئ واحد.

وقد اجاد أبو ماضي كل الإجادة حينما رسم لنا صورة واضحة وتحليلية لنفوس الناس المختلفين، ومثل الحكاية الأزلية نرى له "الطلاسم" وهي مطولة شعرية تتألف من واحد وسبعين مقطعا وكل مقطع يؤلف من أربعة أبيات تنتهي بلازمة (لست ادري) فهي تبدأ بالشك، وتنتهي بالشك وتعج بالتأملات العميقة فيقول سائلا عن وجوده:

جئت لا أعلم من أين، ولكني اتيـــت

---

(١) انظر الشعر العربي في المهجر: عبد الغني حسن، ص ١٢٨.

(٢) ديوان الخمائل - أبو ماضي ص ١١.

ولقد أبصرت قدامى طريقا، فمشيــــت

وسأبقى سائرا، إن شئت هذا أم ابيـــت

كيف جئت؟ كيف ابصرت طريقي؟ لست أدري [1]

وكما نلمس من هذه الأبيات وغيرها أنها ابتدأت باسئلة الشك وختمت بعدم الوصول إلى الحقيقة ومثل هذه الأبيات جميع مقاطع القصيدة تنتهي بالجهل. وهناك رأي، يقول إن ابا ماضي قد انتهى إلى الحقيقة وإنما قصد وتعمد طرح تلك الأسئلة والإجابات المحيرة ليشرك القارئ في حل المسائل المعقدة بعد أن وضع ايدي قرائه على مفاتيح الحياة وتركهم يعالجون مغاليقها فاسئلته من نوع تجاهل العارف" [2]

ونحن وإن وقفنا أمام هذه الأسئلة العميقة والمحيرة وتلك الاجابات الصريحة من الشاعر نفسه، لا ننكر رأي الاستاذ الناعوري ونرى تحليله فيه من الصدق الكثير. لأن أبا ماضي لا شك أن تأمله في الطبيعة وغيرها يبعث إلى نفسه الإيمان بخالقه تلك المعالم الرقيقة الصنع التي كانت سببا بإيمانه عندما تأمل الطبيعة ومكوناتها فهو يقول في قصيدته "الغابة المفقودة":

يــا لهفــة الــنفس عــلى غابــة	كنـــت وهنـــدا نلتقـــي فيهــــا
آمنـــت بــــالله وآياتــــه	ألـــيس اللـــه باريهـــا [3]

---

(١) الجداول - بيروت ص ١٣٩.

(٢) ايليا أبو ماضي - رسول الشعر الحديث - عيسى الناعوري ص ٦٨.

(٣) ديوان الخمائل - أبو ماضي ص ٨٦.

فالذي جعل ابا ماضي يؤمن بالله عن طريق تلك الطبيعة واشجارها وأنهارها، وجمالها وهي أقل تعقيدا من النفس الانسانية، ومشكلة وجودها فلا عجب إذا كان يعلم اجابات تلك الأسئلة وإنما اوردها من باب تجاهل العارف كما أعلن الاستاذ الناعوري.

وإذا انتقلنا إلى نسيب عريضة الذي يعتبر زعيم الصوفية، والتأميلة، في المهجر مع العلم ان صوفيتهم تختلف عن الصوفية الاسلامية التي تتغنى بالذات الإلهية مع إيمان كامل بالله وبمخلوقاته. أما الصوفية المهجرية فهي مطبوعة بطابع الدين المسيحي وتعاليمه، فعندما نقول الصوفية في شعر المهجر. إنما نقصد إلى تلك السبحات التأملية الدائرة في نطاق الشك، والفلسفة فنسيب عريضة يقول في رباعياته:

شربت كأسي أمام نفسي ... وقلت: يا نفسي ما المرام؟
حياة شك، وموت شك ... فلنغمر الشك بالهدام
أمالنا شعشعت فغابت ... كالآل ابقى لنا الأوام
لا بأس ليس الحياة إلا ... مرحلة بدؤها ختام[1]

فهو يسائل نفسه عن هدفها في الحياة، وغايتها من عيشها. إلى أن يخلص إلى نتيجة مفادها إن هذه الحياة كلها شك وريبة لا يقين فيها ولا اطمئنان. فإلى أي جهة يتحرك الانسان يتجسد له الشك سواء في حياته أم في مماته وللخروج

(١) مناهل الأدب العربي جـ٣٠ ص ٥٣.

من مأزقه وشكه اتجه إلى الخمرة لتخدر احساسه ويتغلب على تلك الشكوك ثم ينتهي إلى نتيجة فلسفية وهي أن الحياة ليست إلا مرحلة بدؤها ختام.

ويحاول دائما للخروج من دائرة الشك التي تسيطر على نفسه وحسه بأن يعزي نفسه ويواسيها كي تخفف من النظرة التشاؤمية التي يرى من خلالها الناس والحياة، فيقول مخاطبا نفسه:

يـــا نفسيـــ مالـــك والأنيـــن	تتـــألمين وتؤلميـــن
عـــذبت قلبـــي بالحنيـــن	وكتمتـــه مـــا تقصديـــن
قـــد نـــام أربـــاب الغـــرام	وتـــدثروا لحـــف الســـلام
وأبيـــت يـــا نفسيـــ المنـــام	أفأنـــت وحـــدك تشعريـــن
يـــا نفسيـــ مالـــك في اضطـــراب	كفريســـة بـــين الذئـــاب
هـــلا رجعـــت إلى الصـــواب	وبـــدلت ريبـــك باليقيـــن [1]

أما جبران خليل جبران فهو يؤمن بنظرية تناسخ الارواح، ويرى أن النفس تبقى بعد أن يغادرها الجسم، وتحل في جسم آخر فيقول في مواكبه:

يا نفس إن قال الجهول	النفس كالجسم تزول

ما يزول، لا يعود

قولي له إن الزهـور	تمضي ولكن البذور

تبقى وذا كنه الوجود

(١) مناهل الأدب العربي: جـ٣٠ ص١٨.

وبعضهم يرى أن النفس سر غامض من اسرار الحياة، لا يعلمه إلا الـلـه سبحانه وتعالى لأنه هو الذي ابدع النفس.

فهذا ندرة الحداد يحاول فلسفة البعث بعد الموت فهل حقا تبعث الارواح من جديـد بعد أن يدخل في المقبرة. فيقول عن النفس وبعثها:

هـــي سر غـــامض أو مبتـــــدا جهـــل الانســـان منـــه خبـــره
ظنهـــا بعضـــهم معرفـــــة اخطـــأوا لم تـــك إلا نكـــره
لـــيس يـــدري غـــير مـــن ابدعهـــا مـــا مصـــير الـــنفس بعـــد المقـــبرة

وفي مواضع اخرى نراه يلقي بهذه المسئولية على الدين ورجاله لأن الدين، وكتبه لم يرشداه لحقيقته نفسه وما يحدث لها بعد الموت. فيقول:

أمـــا أنـــا مازلـــت أجـــ هـــل مـــا يحـــل غـــدا بيـــه
لا العقـــل يرشدنـــي ولا كتـــب الديانـــة كافيـــة

فنحن نرى أن شعراء المهجر بعـد شـكهم هـذا في الـنفس، وفي الوجـود، والبعـث وغيره يصلون إلى أن قوة خفية وراء هذه الظواهر التي هي موضع شكهم وتساؤلاتهم وهذه القوة هي الـلـه سبحانه وتعالى خالق كل شيء وأبو ماضي يقول:

لا تجزعي فالموت ليس يغيرنا فلنا اياب بعده ونشـور [1]

فالنفس عند ميخائيل نعمية لحن وقعته يد استاذ خفي، لا يراه،وهي جزء مـن الـلـه وقد يبلغ فناء الصوفي بربه درجة يشعر فيها باتحاده بربه، وقام

(١) التصوف في الشعر العربي - عبد الحكيم حسان ص ٦٩.

على تجربة الاتحاد بالرب ذلك النوع من الكلمات الجريئة التي عبر عنها باسم "الشطحات" والصوفي في حالته هذه يشعر باتحاده بربه وايمانه يحس أنه هو و الله اصبحا شيئا واحدا ويشعر بعضهم بأن كل شيء في الوجود قد اتحد بالله وهذا ما يسمى بوحدة الوجود

إيـه نفسي أنت لحن | في قد رن صداه
وقعتك يد استاذ | خفي، لا أراه
انت ريح ونسيم | أنت موج أنت بحر
أنت شمس، أنت رعد | انت برق أنت فجر

أنت جزء من الله [1]

ومحبوب الشرتوني يرى كل واحد يحاول أن يفلسف تلك الظواهر ليظهر فضله وبراعته على الآخر مما دعى إلى اختلاط الأفكار وطمس للحقائق الأمر الذي ترتب عليه عدم معرفة الكذب من الصواب، وبالتالي سيطرة الشك على النفوس فيقول في قصيدته "أسرار الله في خلقه":

هل من حكيم مخبر | من أين تبعث النكب
هو ذا السبب ظاهر | والكل يجهل السبب
وتحاول الأديان تكشف | ما تبرقع واحتجب
كل يقول انا الصراط | فمن اصاب ومن كذب؟
هل للخفي عناية | يعطي ويمنع من طلب؟
لله يد في العالمين | بما يسيء وما يحب؟

---

(١) ديوان محبوب الشرتوني، ص ٩٥.

عنـــــدي بـــــذلك ريبـــــة والـــــرزء مجلبـــــة الريـــــب

بعد هذه الأمثلة المتنوعة التي تـدور حـول التأمـل والتفكـير في أسرار الكـون والحيـاة وهـي تجسـد لنـا شـعر التأمـل عنـد المهجـريين الـذين شـكوا في الـنفس، وخلودهـا، وبعثهـا ونشورها، وثوابها، وعقابها، وقد رأينا نوعيات مختلفة وطرق استدلال متفاوتـة فكيـثرا مـنهم من آمن واقتنع بوجود إله خالق لتلك الأسرار، وذلك عن طريق الظواهر الكونية المختلفة.

ومنهم من ظل الشك ملازما لتفكيره والحيرة مقلقة لنفسه فالقي المسئولية على كتب الديانة التي لم تكشف لهم عن الأجوبة لاسئلتهم الحائرة. كما هو عند ندره الحداد ومحبوب شرتوني. ومنهم من تهرب من شكه وحيرته بشرب الخمرة كما فعل نسيب عريضة. ومنهم من نادى بالإيمان بوجود قدره إلهية مبدعة لهذا الكون واسراره ونادى بعدم الانشغال والتأمل في الحياة لأن ذلك التأمل ومحاولـة الوقـوف عـلى كـل صـغيرة وكبـيرة ينتهـي بالإنسـان إلى الألم والتشاؤم فيقول إيليا أبو ماضي في قصيدته "السماء" :

إن التأمل في الحيـــاة يزيد أوجاع الحيـــاة

فهذه دعوة إلى التفاؤل، وهي نزعة اتسم بهـا شـعر أبي مـاضي دون غـيره مـن شـعراء المهجر:

ونحن إذا قارنا هذا اللون من الشعر التأملي بمثيله في الشعر العربي لوجدنا أن اختلافا كبيرا وتفاوتا بين شعر المهجر والشعر القديم.

فقد كان للشعراء القدماء سبحات تأملية متسـمة بالمسـحة الصـوفية الإسـلامية، التـي تقوم على إيمان لا شك فيه بالله سبحانه وتعالى، وقدرته على

ابداع كل ما في الوجود، فشعرهم نابع من إيمان وعقيدة راسخة كما هو عند ابن الفارض. أما شعراء المهجر فقد كانت نظرتهم فيها شك وشعرهم يمتاز بتأملية صوفية خاضعة لتأثيرات مسيحية.

لذلك كان شعرهم أعمق وأوسع منه في الشعر القديم الذي لم يعرف الأدب التأملي قط كما عرفه ادب المهجر الذي امتاز بشكل جديد رائع فيه عمق ورحابة وشمول، وفيه قوة وحيوية وجمال [(١)]

كل الأمثلة التي أوردناها لشعراء المهجر الشمالي، اما شعراء المهجر الجنوبي فنجد إن اهتمامهم في الشعر التاملي النفسي أقل من اخوانهم شعراء المهجر الشمالي الذين اكثروا من هذا اللون الذي وضع اسسه جبران خليل جبران وميخائيل نعيمه في اشعارهم، وكتاباتهم التي تدور حول النفس وانفعالاتها، لذلك قل عندهم الشعر الاجتماعي والقومي الذي يعتبر من أهم ميزات الشعر الجنوبي، ومع انشغال شعراء الجنوب بالشعر القومي والانساني الذي يخدم الفرد والمجتمع، إلا أن بعضا منهم قد نظم قصائد طويلة حول النفس ومشاكلها، ومن هذا البعض الذي تحدث عن النفس والجسد، وقضاياهما نجد مطولتي فوزي المعلوف وشفيق المعلوف وسنفرد لهما فصلا قادما.

فشعراء المهجر الجنوبي كانوا يعيشون في بيئة تحتم عليهم الاهتمام بذويهم ومشاكلهم والعمل دائما للارتفاع بالمستوى المعيشي للمجتمع العربي في بلاد الشام.

---

(١) ادب المهجر: الناعوري، ص ٨٣.

فهذه الاهتمامات شغلت كل فراغهم فلم يجدوا وقتا للتأمل والتفكير في القضايا النفسية التي أهتم بها شعراء المهجر الشمالي، ومع ذلك فلم تتجرد أشعارهم تماما من هذه النزعة بل كانت متناثرة بين قصائدهم علاوة على اهتمام فوزي، وشفيق المعلوف في مطولاتهم بهذه الناحية.

٦- التسامح الديني:

من الأسباب التي كانت وراء نزوح شعراء المهجر عن بلادهم ذلك التعصب الديني والنعرات والتحزبات الطائفية التي فرقت ابناء الوطن الواحد. وولدت في قلوبهم العداوة والبغضاء واشعلت بينهم المعارك والمذابح الطائفية، التي أودت بحياة عدد كبير من المسلمين والمسيحين وكان من أشهرها مذبحة سنة ١٨٦٠م التي كانت في صالح المسلمين ضد المسيحيين الذين وجدوا انفسهم غذاء للتعصب الديني الذي يمارس في وطنهم لذلك قرروا المهاجرة إلى بلاد الأمريكيتين.

وبعد أن حطوا رحالهم على أرض الوطن الجديد وامتزجوا بأهله وعاداتهم وتقاليدهم بدات نفوسهم تقع تحت انعكاسات وتأثيرات جديدة متعددة الجوانب وكان من بينها الجانب الديني، خاصة عندما لمسوا الحرية التامة التي ينعم في ظلالها جميع الناس على مختلف اديانهم، وعقائدهم، فكلهم سواسية أمام القانون، الأمر الذي دفعه للمقارنة بين الحرية الدينية في الوطن الجديد وبين التعصب الديني والحزازات الطائفية التي تعم وطنهم الأم.

فكان أملهم أن تسود المحبة والإخاء والتسامح بين ابناء الطوائف المختلفة على أرض الوطن كي تتم الوحدة والقوة بين الجميع للتفرغ إلى مجابهة من يريد الإيقاع بأرض الوطن وسلب خيراتها.

لهذا أخذ الشعراء في المهجر الشمالي والجنوبي يعلنون عن رغباتهم الصادقة في نبذ الخلافات والاحقاد جانبا، والاتجاه نحو الوحدة القومية الشاملة.

فما كانت تمر مناسبة اسلامية إلا ويقف الشعراء المسيحيون يشيدون بالدين الإسلامي وتعاليمه السمحة، ونبيه العظيم، وفي المقابل كان الشعراء المسلمون يشاركون اخوانهم المسيحيين في اعيادهم ومناسباتهم الدينية، ولم يقتصر المسيحيون على هذا بل رأينا بعضهم ينقم على المسيحيين وتعاليمهم، ويهاجمهم مهاجمة دفعت رجال الدين إلى تكفيرهم كما حدث مع جبران خليل جبران والشاعر القروي الذين كانوا من ابرز المهاجمين لرجال الدين وتحميلهم المسئولية في كل ما يقع على أرض الوطن من خلافات ومنافرات.

وبالجملة فقد كانت قصائدهم تحمل الدعوات المتكررة لنبذ البغضاء واحلال المحبة والتسامح مكانهما بين جميع الأديان والعقائد مادام الجميع يؤمنون بالله المبدع لكل شيء. وبالإضافة إلى دعواتهم للتآخي نراهم ينبهون، ويحذرون من الطامعين في السيطرة على الوطن.

فهذا جبران خليل جبران، يقول:

"خذوها يا مسلمون كلمة من مسيحي. أسكن يسوع في شطر من حشاشته. ومحمدا في الشطر الثاني: إن لم يقم فيكم من ينصر الاسلام على عدوه الداخلي فلا ينقضي هذا الجيل الا والشرق في قبضة ذوي الوجوه البائخة والعيون الزرقاء" (١)

(١) ادبنا وادباؤنا: ص ١٢٧.

فجبران يعرب عن حبه للإسلام ونبيه كما يحب المسيح. وينبه المسلمين لما يحاك ضدهم من مؤامرات ودسائس تهدف إلى اذلالهم واخضاعهم، فيرى أن الواجب الوطني يفرض عليهم نبذ كل الخلافات الجانبية والاهتمام بتجميع الصفوف والاتحاد لتفويت الفرصة على المستعمر.

وفي نفس الاتجاه يقف امين مشرق مندهشا لذلك التباغض والتعصب الطائفي فيقول:

"عرفت قوما يفضلون شعر المتنبي واخرين يفضلون المعري أو الشريف الرضي ولكنهم لا يتباغضون من أجل ذلك. أما اتباع موسى وعيسى ومحمد، فلا يكتفون بالتفضيل سبحان الله أمن المعقول أن ابغض اخي لأنه يرفض أن ينجو من النار على يدي؟ أما كفاه قصاصا ما سيلاقيه من عذاب الاخرة لرفضه اعتناق عقيدتي" (١)

بهذا الاسلوب المنطقي في استنكار التعصب وتوابعه نرى الشاعر محبوب الشرتوني يلقي بالمسئولية على المسلمين ويصف تعصبهم للرسول محمد (صلى الله عليه وسلم) لم يقتصر على الرجال بل تعداه إلى النساء، فيقول:

إن التعصب للرسول محمد	هو في صدور المسلمين سقام
وعلى وجوه نسائهم من نسجه	وعلى عقول رجالهن لثام

ومع هذا الأسلوب الناقم نجد أن الشاعر لم يفقد الأمل في الوحدة بين المسلمين والمسيحين، وإن الذي يحدث عبارة عن حوادث ستزول مع الزمن.

(١) بلاغة العرب في القرن العشرين: ص ٢٥٣.

وفي النهاية يشيد بالنبي محمد (صلى الله عليه وسلم) ويعتبره إماما للأعارب اجمعين.. فيقول:

قالوا الديانة قلت جيل زائل ويزول معه حزازة وخصام

ومحمد بطل البرية كلها هو للأعارب أجمعين إمام[1]

فكلهم يمجد الدين الإسلامي، ونبيه ويرى في تعاليمه امورا لا تتنافى مع تعاليم السيد المسيح عليه السلام. فلو احسن استعمال هذه التعاليم من كلا الطرفين لما رأينا ذلك التعصب المقيت الذي ينذر بالزوال والهوان ويفسح الطريق أمام الطامعين من الأعداء والمستعمرين. الذين يسعون جاهدين لتحقيق مآربهم وقد صور لنا الياس قنصل في قصيدته "معاذ الله" ذلك التعصب وأسبابه ونتائجه. فقال:

بلينا بالتخاصم وهو داء عضال ينخر الاخلاق نخرا

فانهكنا وغادرنا شعوبا ممزقة تجر الغل... جرا

ولا الإنجيل يأمر بالتقالي ولا القرآن بالبغضاء اغرى

ايادي الغرب تسعى فاحذروها فقد تخذت اديم اللطف بكرا

فالياس قنصل وغيره من الشعراء كانت نظرتهم معتدلة هدفها الإصلاح أو المداراة النابعة من شعروهم انهم اقلية مسيحية امام اكثرية مسلمة لهذا كانوا يجاملون ويتقربون بأساليب تهدف إلى استدرار عطف المسلمين عليهم.

---

(١) ديوان السهام – الياس قنصل: ص ٤٤.

ورغم تلك السياسة التي اتبعها المهجريون فإننا نجد بعضهم ينجرف في بعض مواقفه امام النزعة الطائفية التي يحارب من أجلها. فيهاجم الاسلام ويفرح لهزيمتهم وقد ظهرت تلك النزعة في شعر أبي ماضي الذي وجهه إلى الاتراك الذين رأى فيهم انهم انتزعوا الملك من المسيحيين. فقد تهجم على الإسلام من خلالهم ونظر إليه نظرة قاتمة انعكست عن تصرفات بعض الاتراك اثناء حكمهم لبلاد الشام. فيقول:

هـم نزعـوا لـواء الملـك منـا ... ونازعنـا طعـامهم الطعامـا
وقـالوا نحـن للإسـلام سـور ... وإن بنـا الخلافـة والامامـا
فهـل في ديـن احمـد أن يجـوروا ... وهـل في ديـن احمـد ان نظامـا [١]

وتتعدى حملة ابي ماضي على الترك إلى تهجمه على الإسلام والتشفي بهزيمته فيقول في قصيدة وصف فيها "معركة بور غاس":

وقـد انحلـت فـاذا الهـلال منكـس ... علـم طوتـه رايـة الصلبـان [٢]

ومن شعراء المهجر من ينتصر للحق، ويعلن دفاعه عن المسلمين ويلقي بالمسئولية على المسيحيين أنفسهم، فيقول القروي مستنكرا تلك الحملات الجائرة:

رضـينا للتعصـب أن نهونـا ... فاغمضـنا عـلى الضـيم الجفونـا
نقـول: المسـلمون المسلمونـا ... فنرمـيهم ونحـن الخائنونـا

---

(١) ايليا أبو ماضي شاعر المهجر الأكبر - زهير ميرزا: ص ٦٨٣.

(٢) نفس المرجع: ص ٧١٦.

نبيع بدرهم مجد البـــلاد [1]

وفي مناسبة اخرى يحمل على الدين المسيحي وتعاليمه. فيقول:

فيـــا حمـــلا وديعـــا" لم يخلـــــق سـوانا في الــورى حمـــلا وديعــــا
غضـبت لـذات طـوق حـين بيعـت ولم تغضـب لشـعبك حـين بيعــا
الا انزلـــت انجـيلا جديـــــدا يعلمنــا إبـــاء لا خنوعـــا

فكان القروي من أكثر شعراء المهجر عـدلا وانصـافا في نظرتـه للـدين الاسـلامي. فـما كانت تمر مناسبة إلا ويقف خطيبا في جانب الدين الإسلامي وتعاليمه السمحة، وكانه الغيـور عليه وعلى اتباعه. داعيا إلى الوحدة، والوفاق فيقـول في قصيدة بعنـوان "عيـد البريـة" قالهـا بمناسبة المولد النبوي الشريف:

عيـد البريـة عيـد المولـد النبـــوي في المشرـــقين لـــه والمغربيـــن دوي
عيد النبي بـن عبـد اللـه مـن طلعت شـمس الهدايـة مـن قرانـه العلـــوي
بـدا مــن القفـر نـورا وهـــدى يـا للتمـدن عـم الكـون مـن بـــدوي
يـــاقوم هـــذا مســيحي يذكركـــم لا يـــنهض الشرـــق الا حبنـــا الاخـــوي
فـــإن ذكـرتم رسـول اللـــه تكرمـــة فبلغـــوه ســـلام الشـــاعر القـــروي [2]

---

(1) ديوان القروي: ص ٦٢.

(2) ديوان الأعاصير: ص ١١١.

ويقول في مناسبة اخرى يهنئ المسلمين بعيد الفطر، ويدعو للاتحاد والاخوة بين المسلمين والمسيحيين:

أكرم هـذا العيد تكريم شاعر	يتيـه بآيـات النبـي المعظـم
ولكنني اصبوا إلى عيدامـة	محـررة الاعنـاق مـن رق اعجمـي
إلى علم مـن نسـج عيسى ـ واحمـد	وآمنـة في ظلـه اخـت مريـم

وفي المقابل نرى أن أبا شادي الشاعر المصري المسلم يقول في عيسى عليه السلام:

يا معلن الحق لم ينصفك من جهلوا	سيان لاسمك و الله يبتهـل
نور من الله ما الهمتنا، قبـس	من الإله وما اسقيتنا نهـل
لكل دين نبي يستغاث بـه	وأنت للناس والاديان من أملـوا

وهناك من رأى أن السبب في كل ما يحدث من انقسامات وحزازات طائفية هم رجال الدين من الشيوخ والقسسين، فالياس فرحات ينقم عليهم ويحملهم المسئولية . فيقول في قصيدته "حبيب الله":

إذا الشيخ والقسـيس لم يكرما النهى	واحكامـه فليـبرأ الـدين منهمـا
إذا انـت اديـت الفرائـض كلهـا	ولم تحو الخلـق لم تـك مسلمـا
سـلام على الإسـلام ايام مجـده	طويـل عـريض يغمـر الارض والسمـا
نمـا فنمـت في ظلـه خـير أمـة	أعـدت لنصـر ـ الحـق سيفا ومرقمـا
نغـار على الإسـلام حتـى كأننـا	بنـوه ونـأبي أن نـراه مهشمـا
وهـل هشـم الإسلام إلا شيوخـه	وهل غـيرهم يبغي لـه الجهـل مرهمـا[1]

ـــــــــــــــــــــــــــــ
(١) ديوان فرحات: ص ٢٧٨.

ونرى أن هذه النظرة الخبيثة تحمل في باطنها عـداء للإسـلام، ولدينـه وتعاليمـه فهـم يعمدون للنيل منه عـن طريـق رجـال الـدين والطعـن بهـم. فهـي دعـوة متطرفـة. ظاهرهـا الإصلاح والغيرة على الإسلام، وباطنها الهدم والتخريب والنيـل منـه، فـإذا فسـد رجـال الـدين فبالتالي يفسد الدين نفسه. فكانت حملتهم على رجال الدين نابعة من اعتقادهم انهـم هـم حماة التعصب والاقطاع فمحاربتهم لازمة لتطهير المجتمع من آثار التخلف والجهل.

ورغم ذلك فقد كان لشعراء المهجر صلات بربهم الـذي خلقهـم والـذي يعتـبر مصـدر الوجود لكل شيء. فهم لا ينفون وجود خالق مدبر لهـذا الكـون الرحـب ومـا يحويـه، بـل إن بعضهم يؤمن ايمانا عميقا بالله فهذا الشاعر القروي يقول في مقدمة ديوانه:

"اؤمن به تعالى إيماني بوجودي، ولن يسـاورني الشـك حتـى أجـد مـن يقنعنـي اني أنـا خلقت نفسي. واعد بحث العلماء في هل اللـه موجود أدل على الحماقة من تساؤل بصـير في رائعة النهار إذا كان في السماء شمس أم لا" [1]

وإذا تصفحنا اشعار المهاجرين نجد أن كثيرا من مظاهر الايمان مبثوثة فيهـا فكثـيرا مـا يناجون اللـه في قصائد صوفية حالمة متأملة فهذا مسعود سماحة يقول في قصيدته "اللـه":

الملـــك ملكـــك والبهـــاء بهاكـــــا	والأرض أرضـــك والســـماء سماكـــــا
الكـون مــع مــا فيــه مــن متحـــرك	أو ســاكن قــد كونتــه يداكـــــا
نظمـــت أمكنـــة النجـــوم وسيرهـــا	والأرض والقمـــــرين والأفلاكـــــا

(١) ديوان القروي - المقدمة: ب، ك.

لامســـــعف الاك لا متساهــــــــــل إلاك لا متســــــــلط إلاكـــــــــــــا

ومثله نسيب عريضة عندما يجد نفسه في حيرة وضيق، نـراه يتجـه إلى ربـه في صلاة كلها رقة وخشوع، فيقول:

أيامن سناه اختفـــي وراء حدود البشـــــر
نسيتك يوم الصفـــا فلا تنسني في الكـــدر [1]

وميخائيل نعيمة يستعطف خالقه ويناجيه في ابتهالات ودعوات صادقة كي يقف عـلى اسراره وخفاياه فيقول:

كحل اللهم عينـــي
بشعاع من ضيـاك
كي تـراك

ومن أدلة ايمان شعراء المهجر بربهم نرى أحمد زكي ابو شادي وهو شاعر مسلم يقـول في قصيدته "الخالق الفنان":

تبـــــارك ربي مبـــــدعا ومصـــــــورا لقـــد خلـــق الأيـــات كالســـحر للـــــورى
ومـــا عظـــم الخـــلاق إلا احتجابـــــه فســـبحانه يبـــدوا ويخفـــى مكـــــررا
ومـــا شـــاقني في الكـــون إلا خفـــيه فـــإن وراء الكـــون عقـــلا مدبـــــرا

(١) مناهل الأدب العربي: جـ٣٠ ص ٦١.

ومثل هذه الأمثلة نجد الكثير في أشعار المهجريين التي تدور حول الايمان بالله وبقدرته على تدبير الكون وما فيه.

ولكن ايمانهم هذا لم ينتج عنه تسليم مطلق. بل نتج بعد إعمال افكارهم واطلاقها في شطحات تأملية باحثة عن الحقيقة التي طالما اقلقتهم.

فكانت نزعة الشك عندهم يعملوها في كل ما يقع تحت ابصارهم ويصل إلى اسماعهم فشكوا في هذا الكون الواسع، وخالقه، وفي الانسان واصله وموجده ونهايته، وبعثه، وعقابه، وثوابه. ومع شكهم هذا لم نجد شاعرا جحد الله وانكره إلا اننا نلاحظ على بعض أنه قد استباح لنفسه أن يتطاول على صاحب الجلالة ويخاطبه على أنه فرد من الناس. فيعاتبه ويصفه بالظلم والعدوان وعدم الرحمة.

ومن هؤلاء البعض الياس قنصل حين يقول:

يـا رافـع الزرقـاء انصـت برهـــة فأنـا عليـك لفـرط حلمـك ناقـــم
مـوسى عـلى زعـم الكتـاب جزيتـه لخطيئـة وهـو اللبيـب الحـــازم
لكـن أنـا مـاذا جنيـت ألم أكـــن بـك واثقـا وكـأنني لـك خـــادم
فـما حرمتنـي الرجـوع كـما اشـاء لمـوطني ربـاه إنـك ظالـــم[1]

ففي البيت الأول يبدأ بمخاطبة الله عز وجل وكأنه يطلب من انسان مثله ان ينصت برهة ثم يعلن نقمته عليه ويبدأ معاتبا لله عز وجل ويختم ابياته بكلام لا يليق ان يخاطب به الله جل جلاله حين يقول رباه إنك ظالم.

(١) العبرات الملتهبة: ص ٥٢.

وفي قصيدته اخرى بعنوان "الـلـه والشاعر":

أو مـا تـرى ربـاه كيـف ظلمتـــه ... لمـا بانفـاس الاثـير جليتـــه
وأمرتــه أن يرتضيـ عيسىـ السـوى ... لـو كنـت تشـعر مثلـه لعذرتـه
اعرضـت عنـه ولم تكـن ذا رحمـة ... فضـلـت تعاسـته وزاد توجعـا
فاحـذر قوافيـه التـي إن سـددت ... منهـا السـهام إلى الحديـد تصدعـا
عذبتـه ولقـد يكـون جـزاؤه ... ظلـما وعـدوانا عـذاب جهنـم [١]

فيصف الـلـه بأنه ظلم الشاعر ولم يرحمه ثم يحذره مـن قوافيـه وينهـي ابياتـه بـان الـلـه عذبه -الشاعر- ظلما وعدوانا وما ربك بظلام للعبيد.

ونجد إيليا أبو ماضي يستبيح لنفسه السخرية من لفظ الجلالـة فاصبح لفـظ الجلالـة عند أبي ماضي يطلق على الانسان كثير الكلام فاطلق على إحدى قصائده "الإله الثرثار" وكذلك في قصيدته التحليلية -الاسطورة الازلية- على لسان الدميمة حين يقول:

إن أخطأ الخزاف في جبلـه ... الطين فأي ذنب للآنيـة [٢]

فينسب الخطأ إلى الـلـه عز وجل حين خلق تلك الفتاة الدميمة الخلقـة وهـذا تجـاوز على صاحب الجلالة ومساس بقداسته وجلالته.

فهذه نماذج من انحرافات بعـض المهجـريين في اشعارهم بالاضـافة إلى تمـردهم عـلى الطقوس الدينية التي اعتبروها عادات موروثة من الأوائل.

---

(١) نفس المرجع: ص ٥٧.

(٢) ديوان الخمائل: ابو ماضي ص ١٢٥.

بل هي حقل يزرعه الألى كما قال جبران في مواكبه حين تحدث عن الدين فنجد الريحاني في كتابه "المحالفة الثلاثية في المملكة الحيوانية" يدير محاوره رمزية على السنة الحيوانات، وفيها يعرض باعمال رجال الدين، ونظرياتهم اللاهوتية محرفا اقوال المسيح ساخرا من عباده الصور، ومن صحة العجائب زاعما أنها تقاليد وسخافات عقيمة تشكل العقبة الكبرى في سبيل تقدم العلوم (١)

ومثله نجد القروي يثور على التعاليم المسيحية ويرى أنها تبعث الخنوع والذل في النفوس، ويثور محتجا على قصة قابيل وأخيه هابيل التي وردت في التوراة (٢).

ونرى كثيرا منهم من يسخر برجال الدين ويحملون عليهم حملات جائرة لأنهم في نظرهم اعداء الدين واعوان الاستعمار وانصار التفرقة العنصرية الطائفية، وقد أوردنا بعض الأمثلة عن الياس فرحات والقروي وهذا الياس قنصل يدلي بدلوه في هذا المجال فيقول في قصيدة يناجي بها بني وطنه معرضا برجال الدين، فيقول:

فليس زعيم الدين - ان جار ظالـم- يحطم نير الظلم عنا بهذيــان

وكل البلاء قد جاءنا من عصابـة دعوها بحاخام وشيخ ومطـران (٣)

---

(١) امين الريحاني الرجل والاديب: جميل جبر، ص ٢٧.

(٢) ديوان القروي ص ٨٨٧.

(٣) ديوان على مذبح الوطنية: ص ٢٣.

وهنا أمثلة كثيرة تدل على مدى ارتباط المهاجرين بربهم وتعاطفهم مع الدين الاسلامي المصحوب بالدعوة الصادقة إلى التآلف والتآخي والاتحاد أمام القوى الاستعمارية الطامعة في تمزيق جسد الأمة العربية بالتنبيه على مواطن التفرق وتجنبها.

فكانت اشعارهم تحمل رسالة انسانية واجتماعية حين ثاروا على التعصب الديني والتحزبات الطائفية وأسبابها وحين أعلنوا مبادئ العدل والمساواة التي رأوا أنها المثل الأعلى الذي يجب أن يحتذى وتستلهم منها الحرية.

٧- الثورة على الموضوعات التقليدية:

لقد كانت ثورة شعراء المهجر شاملة على كل مظاهرالحياة التي يرون فيها التأخر والفساد محاولين النهوض بها إلى الأمام.

وكان من جملة ما ثاروا عليه تلك الموضوعات التي استنفذت اشعار العرب وغالبا ما تدور على المدح والتملق والغزل والنسيب والرثاء والمناسبات والوقوف على الاطلال ومخاطبة الدمن وديار الأحبة.

وكان المدح والمناسبات من أبرز الأغراض والمواضيع الشعرية المطروقة التي تذهب بشخصية الشاعر وتريق ماء وجهه.

فلما بدأت بوادر النهضة الأدبية تطل على الشرق العربي مع بداية النصف الثاني من القرن التاسع عشر أثر اتصال الشرق بالغرب بالوسائل المختلفة كالبعثات والترجمة والطباعة والصحف والارساليات والهجرة إلى الغرب كل هذه الوسائل ساعدت على نهضة وازدهار الادب بشعره ونثره.

خاصة عندما صادف المهاجرون إلى البلاد الاوروبية - تلك الثورات الأدبية المتتالية على كل التقاليد الموروثة وجمودها وقيودها. وكانت فرنسا مسرحا لبداية التمرد والثورة على المبادئ الكلاسيكية التي كانت سائدة في تلك الفترة. والعمل على استبدالها بالمبادئ الرومانسية المتطورة والمسايرة لركب الحضارة والتي اطلقت العنان للشعراء ليعبروا عن احاسيسهم ومشاعرهم المستمدة من مشاهدات الطبيعة وجمال تكوينها بكل ما فيها من جبال وأنهار واشجار وطيور وبلابل تؤثر في عواطف الشعراء وأحاسيسهم تأثيرا ينعكس على نتاجهم الشعري فالطريقة الرومانسية مرآة البشرية وأداة تحليلها من كل ناحية من نواحيها بما يراه الشاعر غير مقيد بقواعد الطريقة القديمة [1]

وقد لاقت الرومانسية تأييدا كبيرا في الأوساط الأدبية الغربية وأصبح المذهب الرومانسي هو السائد في تلك الفترة لما يحمله من مبادئ تهدف أولا وأخرا إلى خدمة الانسانية، وتفهم مشاكلها، وتعمل على معالجتها لمصاعب الحياة التي تتصل بالناس. من أجل التخفيف عنهم وادخال السعادة إلى قلوبهم ولما وصل المهاجرون العرب -إلى البلاد الأوروبية- بعد أن خلفوا وراءهم الفوضى والفساد في كل مرافق الحياة بما فيها الناحية الأدبية وجدوا في المذهب الرومانسي ضالتهم المنشودة في التعبير عن مدى نقمتهم على كل قديم فاتخذوا المبادئ الرومانسية دستورا ينطلقون من خلاله ليعبروا عن عواطفهم ومشاعرهم تعبيرا صادقا خادما للإنسانية جمعاء.

---

(١) الشعر القديم والحديث: محمد أمين واصف، ص ٢.

ويهمنا في هذا البحث ثورتهم على القديم من الناحية الأدبية وبخاصة الشعر. فأول عمل قاموا به انهم ثاروا على التقاليد الشعرية الموروثة، ومن ضمنها الموضوعات الشعرية التقليدية وساروا بالشعر العربي في اتجاه يدفعه إلى التطور والازدهار ومسايرة ركب الحضارة. فثار جبران خليل جبران وميخائيل نعيمه وأمين الريحاني وإيليا أبو ماضي وفوزي المعلوف ونعمه القازان وغيرهم من رواد المهجر الذين ثاروا على النظم الشعرية القديمة، وقد تحدثنا عن ذلك في مواضعه فمثلا نرى إيليا أبو ماضي يثور على مطالع القصائد:

أنا ما وقفت لكي اشبب بالطلا   مالي وللتشبيب بالصهباء
لا تسألوني المدح أو وصف الدمى   إني نبذت سفاسف الشعراء
باعوا لأجل المال حياءهم   مدحا وبت أصون ماء حيائي
أنا ما وقفت فيكم موقفي   إلا لأندب حالة التعساء
علي أحرك بالقريض قلوبكم   إن القلوب مواطن الاهواء

فأبو ماضي ينكر الوقوف على الاطلال ويعتبر المدح والوصف من سفاسف الشعراء لأنها تريق ماء الوجه وتذهب بكرامة الشاعر المادح.

ويعلن عن الأغراض التي يجب ان يطرقها الشعراء وهي الوقوف بجانب التعساء والفقراء والأخذ بيدهم للحصول على حياة كريمة وشريفة فهذه دعوة انسانية واقعية تجعل من الشعر مرآة للحياة وللإنسانية في مختلف جوانب الحياة واشكالها.

فعمدوا إلى تصوير الواقع المحسوس بطريقة شعرية ايحائية مؤثرة على الاسماع لما فيها من وسائل الاقناع والابتكار والخلق.

لذلك نجحت ثورتهم الشعرية التي دفعت الشعر العربي نحو التقدم والازدهار دفعات جريئة وواسعة المدى إلى الأمام. ما كان يصل إلى تلك المنزلة التي وصلها لو استمر على تطوره البطيء إلا بعد فترة طويلة جدا.

فلا غرابة ان تنتشر مبادئ ثورتهم الشعرية في أوساط الشعراء الشبان في الشرق العربي بأكمله. الذين وجدوا في طريقتهم الشعرية متنفسا يستنشقون منه عبير الحرية الأدبية التي يمارسون من خلالها التعبير الصادق عن مشاعرهم وعواطفهم تعبيرا بناء في خدمة ومعالجة ما يصادفهم من مشكلات الحياة الصعبة سواء أكانت سياسية أو اجتماعية او ثقافية.

فاخذ أنصار الشعر المهجري يزدادون يوما بعد يوم ورغم الحملات الهجومية العنيفة التي وجهت إليهم إلا أنهم استمروا في طريقهم التجديدية بثقة وثبات مع مؤازرة ابناء الشرق العربي الشبان الذين وجدوا فيه خلاصة العناصر القومية الحية في روحانية الشرق مسكوبة في أحدث قالب واروعه من رومانتيكية الغرب العصرية الزاهية [١]

وبالجملة فموضوعات الشعر المهجري الجديدة تدور حول الشعر الانساني، وشعر الطبيعة والتأمل، والدين، والحنين، والقومي، وغيرها من المواضيع التي جددوا في شكلها ومضمونها سواء في الشعر أم في النثر فهي مواضيع تعمل على خدمة الانسانية وحل مشاكل الحياة فأدبهم من الناحية الإيجابية ادب يصاغ من الحياة وكأنه قطع منها فيه ما في الحياة من تفاهة بل ومن عظمة وحقارة وصدق وجمال [٢] فهم يتعاطفون مع الطبيعة ومظاهرها يخاطبونها ويستمعون لشكواها يواسونها ويبثون احزانهم اليها فموضوعاتهم الشعرية نابضة بالحياة والحركة والروح فهي مواضيع هادفة وواقعية محببة وجديدة بمضامينها.

---

(١) ادب المهجر - عيسى الناعوري: ص ٦٥.

(٢) في الميزان الجديد: مندور، ص ٦٥.

الفصل الثاني
مظاهر التطور في الصورة والبناء الشعري

الفصل الثاني

مظاهر التطور في الصورة والبناء الشعري

بعد أن تعرضنا للموضوعات الشعرية التي كانت مسرحا لإنتاج شعراء المهجر الـذين تفننوا في اساليب التعبير عن عواطفهم ومشاعرهم التي كان همهم ايصالها إلى الناس بطريقة مبسطة وسلهة لذلك عمدوا إلى التحرر من كل ما يقف في سبيل فهم افكارهم فتحـرروا مـن القيود اللفظية والمحسنات البديعية والبيانية التي كانت تثقل الموضوعات الشعرية القديمـة التي تخلى عنها المهجريون. ومن الناحية الأخرى نجد انهم ثاروا على قيـود الصياغة والـنظم الشعري كالأوزان والقوافي والبحور الشعرية التـي تستنفذ قوة الشاعر وتحـد مـن انطلاقه فمالوا إلى الانفلات من تلك القيود من أجل التطور والازدهار للشعر العربي واول شيء قاموا به التطوير في الأوزان والقوافي.

١- الأوزان والقوافي:

إن الوزن والقافية هما من أهم ميزات الشعر عن النثر حيث إن الشعر هـو الكلام الموزون المقفى. فالوزن والقافية يبعثان الموسيقى المؤثرة في القلوب والعقول. فكان العرب في جاهليتهم لا يعرفون نظاما معينا يسيرون بموجبه في التعبير عما يجول بأفكارهم وعـواطفهم مع شيوع الشاعرية بينهم فكان شعرهم يعتمد على الذوق الموسيقي الـذي يـتحكم في نسـج الأشعار.

ولما جاء الإسلام وجد الشعر العربي نظاما خاصا في أوزانه وقوافيه وأول من أوجد ذلك النظام هو الخليل بن أحمد الذي اعتمد على ذوقه الموسيقي في تقعيد الشعر العربي بأن وضع له القوانين والنظم التي يسير بموجبها وتتمثل تلك القوانين في بحور الشعر العربي التي ما زالت حتى يومنا هذا، واصبح يعرف بعلم العروض.

ومنذ ذلك الحين اصبح الشعر يسير وفق نظم ومقاييس معينة تميزه عن النثر ولم يجرؤ أحد على التفكير في الخروج على تلك النظم التي بقيت مسيطرة طيلة العصر الجاهلي والاسلامي. إلى أن جاء العصر ـ العباسي حيث ازدهرت فيه الوان الغناء وتعددت الانغام واصبحت تتطلب من الشعر نوعا قد تعددت فيه القوافي وتنوعت. وهنا بدأ الشعراء ينوعون في القوافي ونظامها. بل وفي الاوزان واستمر هذا التجديد يشق طريقه في يسر ورفق حتى بلغ ذروته أيام الموشحات الاندلسية التي تعتبر أول تجربة ناجحة لتسهيل الشعر العربي، وتحريره من قيود الوزن، والقافية فظهر في الشعر العربي ما يسمى بنظام الموشحات المتعددة القوافي، الثائرة على التقاليد القديمة الثقلية.

هكذا كانت حركة التطوير الأولى ممثلة في انطلاقة الاندلسيين بموشحاتهم إلا أن هذه الانطلاقة لم تستمر في وجهتها بل وجدنا عدة عقبات تعترض تلك الحركة التطويرية وتحد من انطلاقها خاصة ما حدث للشعر العربي في العصر المملوكي والعثماني من ركود وجمود، انزلت الشعر من القمة إلى الحضيض بسبب اهمال الدولة للشعر والشعراء حيث العجمة التي تسيطر على السنة الحكام انفسهم.

واستمر الشعر في انتكاسته إلى أن بزغ فجر النهضة الادبية الحديثة على يد البارودي ومطران ومن بعدهم مدرسة المهجر، التي أخذت على عاتقها أن تكمل انطلاقة الاندلسيين التحررية من أجل الارتفاع والسمو بالشعر العربي، وساعدهم على ذلك امعانهم بالثقافة الغربية، وادابها، واطلاعهم على ثورة اخوانهم الاندلسيين من قبل نقمتهم على كل قديم. ولانهم من بلاد جميلة تحرك طبيعتها الخيال وتطلقه من عقاله فعملوا على سد الثغرات التي وقع فيها الاندلسيون في موشحاتهم فاغنوها بالفكر مع تنويع اغراضها، وتسخيرها في الأغراض القومية وفي الحنين إلى الوطن.

فثورتهم على الوزن والقافية تتمثل في ما قاله ميخائيل نعيمة:

"الوزن والقافية اخوان فالوزن ضروري أما القافية فليست من ضروريات الشعر، لاسيما إذا كانت كالقافية العربية بروى واحد يلزمها في كل قصيدة" (1)

فهو يعترف بالوزن لأنه مبعث للموسيقى الشعرية الذاتية، وينكر القافية لأنها تحد من حركة الشاعر.

وقال أبو ماضي في افتتاحية ديوان الجداول:

لست مني إن حسبت الشـ   عر الفاظا ووزنـــا(٢)

(١) الغربال – نعيمة، ص ٧٠.

(٢) الجداول – ابو ماضي ط٢ ص٩.

ولم يكن التطور في الوزن والقافية قد حدث طفرة واحدة بل كان تطورا بطيئا عندما شعر الشعراء بالسأم من النظم على وتيرة القصائد القديمة التي تستلزم فيها الأوزان والقوافي، ومن هنا كانت رغبتهم في التجديد والتنويع فصادت الموشحات فصادفت -على اختلاف أنواعها- هوى في نفوسهم نظرا لخفة اوزانها التي كانت تنظم في بعض الأحيان على الأبحر القديمة كالرمل، والرجز، والمديد، والخفيف، والهزج ثم أخذ التطور يواكبها إلى أن وصلت القمة في عهد المهجريين.

فالموشحات في نشأتها تعد مرحلة من مراحل تطور القافية فقط، ثم تناول التطور أوزانها فيما بعد[1]

فالقافية كانت تلتزم كل ابيات القصيدة ولكنها دخلت تحت شعار التنويع فظهر ما يسمى بالمزدوج، وفيه تغير القافية مع كل بيت مع تصريع البيت بأن تكون قافية الشطر الأول هي نفس قافية الشطر الثاني، وهو يستعمل في القصائد ذات البحور الطويلة.

ثم ظهر ما يسمى بالمشطر وهو الاستقلال في القافية لكل شطر كما في بعض الموشحات، ثم ظهر المربع وهي أن يقسم الشاعر قصيدته إلى مجموعة تتكون كل مجموعة من أربعة اشطر مع التزام نظام قافية معين، وفي هذا النظم نلحظ نشأة الموشحات[2]

---

(١) موسيقى الشعر: ص ٢١٩.

(٢) موسيقى الشعر – ص ٢٨٠.

ثم المخمس وهو أن يقسم الشاعر مقطوعته إلى أقسام كل قسم يضم خمسة اشطر لها نظام خاص في قوافيها، وقد يكون كل قسم مختلف في الوزن والقافية مثل مخمسة فرحات (بين الطفولة والشباب) حيث يقول فيها:

ترجعني الذكرى إلى الكسارة إلى مقر الحب والطهارة

إلى اجتماعي ببنات الحارة نلعب طورا بالحصى وتارة

يشغلنني معهن بالصنارة[1]

فنرى أن الشاعر في الأشطر الخمسة قد التزم قافية واحدة ومنهم من يلتزم في الوزن نظام التفعيلة الواحدة التي تبعث في القصيدة نغما موسيقيا جذابا. كما يقول نسيب عريضة في قصيدته "النهاية":

كفنوه، وادفنوه، واسكنوه، هوه اللحد العميق

واذهبوا، لا تندبوه، فهو شعب ميت لا يفيق

ذللوه، قتلوه، حملوه، فوق ما كان يطيق

حمل الذل بصبر من دهور، فهو في الذل عريق[2]

فقد التزم تفعيلة واحدة في قصيدته - وهي فاعلاتن - مما اكسب القصيدة روحا غنائية - ساحرة ومثلها في الجاذبية الموسيقية نرى قصيدة مخائيل نعيمة "أوراق الخريف"[3]

---

(١) ديوان فرحات ص ٣٩.

(٢) مناهل الادب العربي جـ٣٠ ص ١٠.

(٣) ديوان همس الجفون ص ٤٤، ١٥ وقصيدته" يا أخي.

ونرى موشحه جبران خليل جبران بعنوان "بالله يا قلبي" تدل على تنويع القافية:

بـــالله يـــا قلبـــي اكـــتم هــــــواك وأخـــف الـــذي تشـــكوه عمـــن يـــراك

تغنم

مـــن بـــاح بـــالاسرار يشـــابه الاحمـــق فالصـــمت والكـــتمان أحـــرى بمـــن

يعشـــق

بـــالله يـــا قلبـــي إذا اتـــــــاك مســـــتعلم يســـأل عـــما دهـــــاك

فاكتـــم[1]

ومثلها في الحنين إلى الوطن موشح نسيب عريضة (أم الحجارة السود):

يا دهر قد طال البعاد عن الوطن هل عودة ترجى وقد فات الظعن

عد بي إلى حمص ولو حشو الكفن

واجعل ضريحي من حجار ســود[2] واهتف اتيت بعاثر مــــردود

فقد بدأ هذا الموشح بثلاثة اشطر على قافية واحدة ثم بشطرين عـلى قافيـة مخالفـة. وهكـذا اسـتخدم المهجريـون الموشحات في مختلـف الأغـراض الشـعرية متفننـين باسـتخدام التفاعيل المختلفة والقوافي المتعددة التي تكسب الشعر نغما موسيقيا وتناسقا شـعريا جمـيلا يجبر السامع على المشاركة الوجدانية، لما يريده الشاعر بما تشيع به الالفاظ البسيطة السـهلة من ايحاء جميل.

(1) مجموعة جبران حـ٣ ص٢٩٩.

(2) مناهل الأدب العربي حـ٣٠ ص ١١٠.

وكان للمهجريين اثر كبير في شيوع طريقة الموشحات التي تأثر بها ابناء الوطن العربي، ورغم شيوعها فلم تطغ على القصيدة العربية التي بقيت محتفظة بمكانتها الأولى حتى بين اصحاب الموشحات انفسهم.

فموشحات المهجريين تمتاز عن الموشحات الاندلسية بأنها تأثرت بالطريقة الاندلسية وبأساليب النظم عند الغربيين فهي تتفق مع المرشح الاندلسي بتناسق الأدوار وتختلف عنه في عدم التقيد بالمطالع اللازمة[1]

فبينما كان الموشح القديم يبدأ ببيتين كلازمة تختلف قافية الشطرين الأولين عن قافية الشطرين الأخرين، ثم يأتي بدور من ثلاثة أبيات اعاريضها على روي واحد وضروبها على روي اخر ثم يتبعهما ببيتين هما اللازمة التي ابتدأ بها.

ومن أمثلة الموشح الاندلسي القديم ما قاله لسان الدين بن الخطيب:

جادك الغيث إذا الغيث همى	يا زمان الوصل بالاندلس
لم يكن وصلك إلا حلما	في الكرى أو خلسة المختلس
إذ يقول الدهر اشتات المنى	ينقل الخطو على ما نرسم
زمرا بين فرادى وثنا	مثلما يدعو الوفود الموسم
والحيا قد كلل الروض سنا	فثغور الروض منه تبسم
وروى النعمان عن ماء السما	كيف يروي مالك عن أنس
فكساه الحسن ثوبا معلما	يزدهي منه بابهى ملبس

(1) الاتجاهات الادبية: حـ٢ ص ١٩٣.

ومن أمثلة تنويع القافية التي برع فيها المهجرون ما قاله الياس قنصل في قصيدته "سورية":

الشـــــام مهجـــــة العـــــــرب	ومعقـــــل الضـــــاد الأمـــــين
خائنهـــــا يلقـــــى العطـــــب	ومجـــــدها العـــــالي مصـــــون
حيـــــف يفوتهـــــا ارب	مهـــــما يكـــــن صـــــعبا ثميـــــن
ونحـــــن شـــــعب لم يهـــــب	في عمـــــره وجـــــه المنـــــون

نجدد الهمم، ونركز العـــلم

في أرفع القمم، لعز سوريـــة

ونحرس الحدود لنبهج الجـدود

ويصرخ الخلود لتحيى سوريـــة[1]

فنلاحظ أن الشاعر الذي تمرد على القافية التي اعتبرها قيدا يشل حركته ففي قصيدته هذه نلمس انه قد التزم نظاما وقيدا جديدا لا يقل تقييدا للحركة من القافية الواحـدة فـنرى أنه في الأبيات الأولى قد التزم في اعاريضها قافية الباء وفي ضروبها قافية النون، وهذه العمليـة تتطلب منه جهدا يشبه ذلك الجهـد المبـذول في التـزام القافيـة الواحـدة أو يقـل عنـه بعـض الشيء.

ولكن هـذا الجهـد لا يسـتمر طـويلا بـل نـرى الشـاعر قـد تحـول إلى نظـام التقطيـع الموسيقي الخفيف الذي يعتمد على التلاعب بالتفاعيل، والتنويـع في القافيـة تنويعـا يكسـبها جرسا موسيقيا جذابا له وقعة الجميل على الأذن.

---

(1) ديوان السهام – الياس قنصل: ص ٢٩.

وقد تفنن شعراء المهجر في ابتكار هذا اللون من الشعر واخرجوا للأدب العربي قصائد غنائية موسيقية على انماط متعددة كالموشحات، والمربعات والمخمسات، والمسمطات وغيرها من الأنواع التي تفرض نفسها على السامع لما تمتاز به من عناصر التشويق والبساطة والخفة والواقعية المحسوسة، التي تعمل على خدمة الانسانية والمجتمع فهي من الأدب السهل الهادف.

وهذه الانماط الشعرية هي الغالبة على دواوين شعراء المهجر فمثلا نرى قصائد الياس فرحات الغنائية الخفيفة الوزن "كخصلة الشعر" وبين الطفول والشباب"وقصيدته "ابتهالات" و "يا حمامة" التي يقول فيها:

يا عروس الروض يا ذات الجناح - يا حمـــامة.

سافري مصحوبة، عند الصباح - بالسلامـــــة.

واحملي شكوى فواد ذي جراح- وهيامـــــه[1]

ففي هذه القصيدة نرى أن الياس فرحات قد نظمها على بحر الرمل الذي يتكون من ثلاث تفاعيل في كل شطر - وهي فاعلاتن-.

إلا أن الشاعر قد تفنن حسب رغبته فمع أنه لم يخرج عن الأسلوب العربي القديم في نظمه إلا أنه قد استطاع ان يتصرف في البحر مع ما يتفق ونفسيته، ومع ما يراه موافقا لأذن السامع. فلم يفعل سوى أن حذف تفعيلتين من الشطر الثاني لكل بيت واصبح البيت عنده مكون من أربع تفعيلات

---

(1) ديوان فرحات: ص ٨٠.

فقط، مع التزام قافية ثابتة في كل شطر. مما اكسب القصيدة روحا غنائية جذابة لم نجدها فيها لو نظمت على طريقة الشاعر القديم.

فمع احتفاظ الشاعر بنظام التفعيلة الشعرية القديمه في كل قصيدته إلا أنه بتغيير بسيط في النظام الوزني للقصيدة - الذي جعلها اقرب شيء لنظام الموشحات الاندلسية - اكسبها روحا جديدة وحيوية دافقة.

وعلى نفس الطريقة سار جبران في نظم موشحه "الشهرة" وقصيدته "بالامس" و"البحر" [1]

وبالجملة فان شعراء المهجر قد تفننوا في نظم اشعارهم كرباعيات فرحات ونسيب عريضة، وريشد أيوب، والياس قنصل، والمخمسات، والمسمطات، واقامتهم القصيدة على أكثر من بحر، واكثر من قافية فتجديدهم من ناحية الوزن والقافية كان تجديدا محدودا وامتدادا لطريقة النظم التي عهدناها عند أصحاب الموشحات في الأندلس، فمثلا نرى ان جورج صيدح ينظم موشحا بعنوان "دير ياسين" وهو منظوم على نفس الطريقة التي نظم فيها موشح لسان الدين بن الخطيب الذي تعرضنا له. فيقول جورج صيدح:

تحت ستر الليل ستر المحرمين	طرق الفجار بيت المقدس
يا فلسطين على من تعتبين	ان تكن نامت عيون الحرس
دير يا سين على الدنيا الصفاء	إن تكن دنيا الزنيم الاجنبي
ثأرك الصارخ في سمع السماء	جمرة تكوي قلوب العرب
قسما ما هبت تلك الدماء	وهي في ذمة عيسى والنبي

(1) مجموعة جبران حـ٣ ص ٣١١، ٣١٣، ٣٠٤.

قـــد هززنـــا عـــرش رب العالميـــن بـــدعاء مـــن قـــرار الانفـــس
وقنـــا ثانيـــة الأندلـــــس[1] رب هـــب ابطالنـــا النصرـ المبيـــن

فهذا الموشح رغم ما فيه من تقليد للموشحات الاندلسية الا أنه يمتاز بما يحمله من موضوع قومي، وبما فيه من أفكار صادقة.

والذي يميز هذا الفن ويكسبه جمالا ليس العروض المقنن بل حرية الوزن[2]

كما لمسنا ذلك في الموشحات التي اثبتناها... والتي تمثل التطوير والتجديد للقافية والوزن الشعري وصياغته في قالب جديد يعتبر ثمرة لامتزاج الثقافة الغربية والاصالة العربية الشرقية.

"فالوزن الوقافية في نظر شعراء المهجر شيئا ثانويا يلتزمون بها لزخرفة لغة النفس، والنفس لا تحفل بالأوزان والقوافي، بل بدقة ترجمة عواطفها وافكارها"[٣]

فميخائيل نعيمه لا يحفل بالشكل وزخرفته بل يركز اهتمامه بالمضمون الشعري ومدى خدمته للناس فالمضمون اولا، والشكل ثانيا، وان كان يرى أن الأوزان تتقيد بقيود تعكر صفوها وجمالها وتشتت افكار الشاعر في تطبيقها وتلك القيود هي الزحاف، والعلل التي تعتبر في نظره اوبئة[٤] تنزل بأوزان الشعر العربي.

---

(١) ادبنا وادباؤنا: جورج صيدح: ص ١٤٢.

(٢) دار الطراز في عمل الموشحات – ابن سناء الملك – ص ١٣.

(٣) الغربال: ميخائيل نعيمة ص ٩٥.

(٤) نفس المرجع: ص ٨٨.

ومهـما يكـن فالشـعراء المهجريـون لم يبتكـروا جديـدا في البحـور الشـعرية وتفاعيلـها وقوافيها، ولم يضعوا قوانين شعرية جديدة تختلف عن القوانين والقواعد التي ابتكرها الخليل بن أحمد. فكل ما فعلوه اشياء شكلية وتحويرات محدودة في نطاق النظام القديم.

ومع ذلك فقد قدموا للشعر العربي خدمة جليلـة بـان فتحـوا الطريـق امـام الشـعراء الشبان نحو التطور ومجاراة الاداب الأوروبية الأكثر تقدما وازدهارا، فاعمالهم التجديدية في الموسيقي الشعرية تعتبر من أروع الشعر العـربي. فمـن الواجـب علـى شعرائنا المحـدثين أن يساهموا في تطوير الموسيقى الشعرية في كل اغراضهم التي يطرقوها مترسمين خطى شعراء المهجر الذين اناروا الطريق امام من سيأتي بعدهم. مثلما طور المهجرون تنويع القافية الـذي بدأه الشعراء العباسيون امثال بشار بن برد وأبـو العتاهيـة ثـم نمـاه الاندلسـيون ونهـض بـه المهجريون، الذين يتحتم علـى الشـعراء المحـدثين، ان يسـتمروا في نهضة المهجريين بالشـعر واوزانه، وقوافيه، ويحاولوا التطوير التجديد من حيث انتهى اليه شعراء المهجر. ليتسنى لهـم اداء واجبهم في نهضة الادب والمساهمة في ازدهار الشعر ورقيه.

٢-الشعر المنثور:

من مظاهر التطور التي طرأت على الشعر العربي عن طريق شعراء المهجـر مـا يـدعى بالشعر الحر أو الشعر المنثور. الذي برز كنتيجة للثورة على التقاليد الموروثة وخاصة الأوزان والقوافي. وكأثر عكسي للاتصال بالاداب الغربية التي قطعت شوطا كبيرا في هذا المجـال فكان شعراء المهجر حلقة الوصل بين الأداب العربية الشرقية والأداب الغربية المتطورة.

الامر الذي أدى إلى انعكاس اثر ذلك الاتصال على نتاجهم الفكري الذي اصبح محاكاة ومجاراة للأدب الغربي بشعره ونثره، الذي تثقف به بعض شعراء المهجر ثقافة عالية دفعتهم إلى الممارسة الفعلية في سلوك نفس الطريق.

وكان من ابرز شعراء المهجر في الشعر المنثور امين الريحاني الذي يعتبر أول منشئ لهذا اللون، وأول من كتب بهذه الطريقة الشعرية الجديدة[1]

وقد سار على نفس الطريق الذي نهجه الريحاني بعض الشعراء كجبران خليل جبران ونسيب عريضة ورشيد ايوب، أما بقية الشعراء فقد اعرضوا عن هذه الطريقة لانهم وجدوا ان الشعر العادي يوافق طبائعهم وامزجتهم ويشبع رغباتهم اكثر من الشعر المنثور.

فعمل الريحاني هذا مع ما فيه من تحرير للشعر العربي من قيود الوزن والقافية وجعله اداة طيعة في التعبير عن خلجات النفس إلا أنه أفقده اهم ميزة تكسبه الروعة والجمال وهي الموسيقى الشعرية التي تقوم على الوزن والقافية والتي لها أثر كبير على الاسماع وعلى الذوق العربي.

وللوقوف على حقيقة الشعر المنثور نورد بعض الامثلة لنلمس منزلته بالنسبة للشعر العادي فيقول امين الريحاني في مقطوعته "الثورة":

الثورة ويومها القطوب. العصيب، وليلها المنير العجيب
ونجمها الأفل يحوج بعينه الرقيب، وصوت فوضاها الرهيب
وطغاة الزمان تصير رمادا واخياره يحملون الصليب[2]

---

(1) شعراء الرابطة القلمية ص ٢٦٦.

(2) شعراء الرابطة القلمية: ص ٢٦٨.

فقد استطاع ان يعبر عن نزوة في نفسه، بطريقة بسيطة لا تكلف فيها ولا تعقيد فهي اشبه بالنثر منها بالشعر لخلوها من التقيد بالبحر العروضي والموسيقى الشعرية ونرى رشيد أيوب في قصيدته "الدرويش":

تحت الشجرة رقد المسافر فلا توقظـــــــــوه

فقد انهك قواه السفـــــــــــر

ما أرق هذا النسيم المار على وجهه الذي لوحته الشمس

مسكين قد اشتعل رأسه شيبـــــــــا

وغشي شعره عثير الطريـــــــــق

فلنختبئ وراء الشمس إلى أن يستيـــــقظ

فأراد ان يعبر عن فكرة خطرت بباله عندما رأى ذلك المسافر الذي انهكه التعب من جراء السفر، الأمر الذي ادى به إلى الرقاد تحت شجرة يتفيأ ظلها لينال قسطا من الراحة لا سيما وهو المسكين الاشيب. الذي قاسى حرارة الشمس وغبار الطريق. وبالتالي يدعو لعدم ايقاظه حتى يستيقظ وحده فسرد فكرته باسلوب بسيط لا تعقيد فيه ولا صعوبة على الفهم.

ويقول جبران خليل جبران تحت عنوان "ايتها الأرض":

ما أجملك أيتها الأرض، ومــــا أبهـــــــاك

ما اتم امتثالك للنور، وانـــــــبل خضوعك للشمـــــس

ما أظرفك متشحة بالظل وما أملح وجهك مقنعا بالدجـــــى

ما أعذب اغاني فجرك، وما أوهون تهاليل مســـــائـــــك

ما أكملك ايتها الارض، ومـــــا اسنــــــاك

ما أكملك ايتها الارض، وما أطول انــــاتــــك

ما اشد حنانك على ابنائك المنصرفين من حقيقتهم إلى أوهامهـــم

الضائعين بين ما بلغوا اليه وما قصروا عنـــــــــه

نحن نضج، وأنت تضـــــحكيـــــــــن

نحـــــن نذهـــب، وانـــــت تكفريـــــــن

ومثلها قصيدة "النهاية" لنسيب عريضة فكلها قصائد تتضمن معـاني سـامية بأسـلوب جديد، ومبتكر لم نعهده من قبل شعراء المهجر الذين اقتبسوه من الغرب وحاولوا بثـه بـين اوساط الادباء والشعراء المحدثين إلا أنه لم يصادف نفس النجاح الذي حققه الشعر المقفى.

ونستطيع القول إن هـذا اللـون الشـعري قـد ذهـب بـذهاب اصـحابه وانقلـب عنـه الشعراء بعد أن اشتهر لفترة وجيزة.

ومما يلاحظ أن بعض الشعراء المعاصرين اخذوا ينظمون بنفس الطريقة التي ابتكرها الريحاني، واخوانه من شعراء المهجر مع اختلاف في التسمية حيث انهم اطلقوا على نتاجهم الشعر الحر او المرسل. ونحن لا ننكر عليهم الطريقة التي يختارونها في التعبير عن عواطفهم وأفكارهم إلا اننا نختلف معهم في التسمية فبدلا من تسميته شعرا حرا أو منثورا. نسميه نثرا شعريا "وذلك لتحلله من مقومات الشعر الرئيسية – الوزن، والقافية -. ولانه اسلوب من

اساليب النثر الذي تغلب فيه الروح الشعرية من قوة في العاطفة وبعد في الخيال وايقاع في التركيب وتوفر على المجاز" [1]

فالشعر المنثور لون بكر وحديث على الشعر العربي يرجع الفضل في ابرازه للوجود إلى شعراء المهجر وعلى رأسهم امين الريحاني الذي يعتبر أبا عذرته في ادابنا العربية وسبب تسميته بالنثر الشعري او الشعر المنثور لانه جامع بين خواص النثر والنظم، اما النثر فلانه على غير وزن من أوزان البحور، وأما النظم فلانهم يقسمون مقاطعه ثلاث ورباع وخماس دون مراعاة اعدادها ويسبكونها سبكا مموها بالمعاني الشعرية [2]

٣- التجديد في الألفاظ الشعرية:

لقد كان الشعر العربي في العصر الجاهلي يتسم بسمات الجزالة في الأساليب والعمق في الافكار والقوة والفخامة في الألفاظ التي تتناسب مع البيئة العربية القاسية والحياة المعيشية الخشنة التي كان يعاني منها العرب في الجاهلية وعندما جاء الإسلام وانزل القرآن الكريم الذي يعتبر دستورا ومصدر اشعاع وهداية للناس كافة في مختلف النظم والمجالات المتعددة والتي لها اتصال وثيق في حياة الناس ومعاملاتهم.

فكان للقرآن الكريم كبير الاثر في تهذيب النفوس، وترقيق المشاعر، وتقويم الالسنة وجمعها على لغة واحدة.

---

(١) الاتجاهات الادبية: ح٢ ص ١٩٧).

(٢) تاريخ الاداب العربية في الربع الأول من القرن العشرين: لويس شيخو ص ٤١.

لذلك فقد الغى بعض الألفاظ والاستعمالات اللغوية التي لا تتناسب وقداسة الدين الاسلامي واضاف في المقابل الفاظا جديدة لم يعهدها العرب في جاهليتهم.

ولما انتشرت الفتوحات الاسلامية شرقا وغربا، واتصل العرب بالحضارات الاجنبية المتقدمة واندمج العرب بأهل الديار المفتوحة من الأعاجم الذين قدموا إلى بلاد العرب عن طريق التجارة والحروب وغيرها من الطرق المختلفة فكان لهذا الاتصال أثره على الألفاظ العربية حيث دخلت بعض الألفاظ الأعجمية الصالحة للاستعمال العربي في اللغة العربية عن طريق التعريب. بالإضافة التي تطلع أولاد الاعاجم لتعلم العربية وادابها وقد نبغ منهم عدد كبير في مجال الشعر، والكتابة خاصة في العصر العباسي الذي نشأ فيه طبقة من الشعراء المولدين الذين يمتازون بالأساليب الرقيقة المستمدة من حضارات بلادهم الأصلية فلمسنا أشعارا تمتاز بالرقة والليونة والسهولة عند بشار، وأبي نواس وأضرابهم من الذين اخذوا على عاتقهم حمل لواء التجديد في الأساليب الشعرية العربية.

ووجدنا فرقا شاسعا بين الفاظ بشار مثلا والفاظ امرئ القيس كل ذلك يرجع للاتصال الشرقي بالحضارات الاجنبية، وجدت مثل هذا في الأندلس عندما اتصل العرب هناك بالشعراء، والادباء الغربيين، وكان الاتصال في كل مرة يدفع بالشعر العربي إلى التقدم والازدهار في مختلف مكوناته من أساليب وأوزان والفاظ وغيرها.

وأستمر الأمر على هذه الحالة إلى أن حدث اتصال جديد بين الشرق والغرب وذلك عن طريق النخبة الشابة من مهاجري بلاد الشام الذين ثاروا

على كل قديم ومن ضمن ما ثاروا عليه الألفاظ الخشنة الصعبة المقيدة بالقواعد النحوية.

فاخذوا ينظمون القصائد في الحنين إلى الشرق واهله الذين تربطهم بهم عدة عوامل من عادات وتقاليد ولغة ووطن. كل ذلك دفعهم لأن يبعثوا باحاسيسهم وعواطفهم مذابة بقوالب شعرية جذابة مطبوعة بالطابع الغربي الممتزج بالروحانية الشرقية التي تمتاز بالأساليب والألفاظ السهلة والخفيفة على الاسماع والقريبة من الأذواق المشعة بالايحاء، ولو كان ذلك على حساب اللغة الفصيحة وقواعدها. ونلمس ذلك في مقالات ادبية لشعراء المهجر انفسهم فمثلا نرى جبران خليل جبران يقول في مقالة بعنوان "لكم لغتكم ولي لغتي":

"لكم منها الألفاظ وترتيبها ولي منها ما تومئ إليه الألفاظ ولا تلمسه ويصبوا اليه الترتيب ولا يبلغه، لكم منها جثث محنطة، باردة جامدة، ولي منها اجساد لا قيمة لها بذاتها بل كل قيمتها بالروح التي تحل فيها. لكم منها القواميس والمعجمات، والمطولات ولي منها ما غربلته الآذان وحفظته الذاكرة من كلام مألوف مأنوس تتداوله ألسنة الناس في أفراحهم وأحزانهم" (1)

فهو ينادي بالالفاظ الموحية المعبرة المحتوية على مضامين نافعة والسهلة على الاذان كي يستطيع فهمها العام، والخاص على السواء، ويريد الألفاظ المألوفة المتداولة بين الناس في افراحهم واحزانهم فهو ينفر من الألفاظ الغامضة الخشنة الجامدة التي لا روح فيها ولا حركة.

---

(1) بلاغة العرب: ص ٥١.

وينادي بالتمرد على الألفاظ المعجمية، والنحوية مستعيضا عنها بالفاظ العامة التي يتداولها عامة الشعب. وبذلك تكون الفائدة في توصيل الافكار اعم وأشمل. ويصرح بتفضيل العامية على الفصحى لانها انسب عنده للبقاء حين يقول:

"إن اللغات تتبع – مثل كل شيء- سنة بقاء الأنسب وفي اللهجات العامية الشيء الكثر من الانسب الذي سيبقى لأنه أقرب إلى فكر الأمة وأدنى إلى مرامي العامة" [١]

والحقيقة ان جبران واقرانه الذين ينادون باللهجات العامية ويفضلونها على الفصحى لأنها في نظرهم اقرب إلى فكر الأمة.

وهدف هؤلاء هو توصيل افكارهم لاكبر عدد ممكن من الناس. لكن إذا علمنا ان هناك لهجات متعددة يصعب على المصري مثلا ان يفهم اللهجة اللبنانية او السعودية عرفنا ان الشاعر من هؤلاء لم يقدم شعره إلا لأهل اللهجة التي يكتب بها فيكون قد حصل على نتيجة عكسية لما اراده وهدف إليه.

ونحن لا ننكر استعمال الالفاظ الفصيحة السهلة التي يمكن بواسطتها توصيل العواطف والأفكار للناس ولكننا ننكر الغلو في استعمال الالفاظ السوقية العامية المبتذلة.

---

(١) بلاغة العرب: ص ٧٧.

وإذا عرفنا أن شعراء المهجر عامة يضعون همهم في توصيل المضامين الشعرية أولا ثـم الشكلية اللفظية ثانيا وقد عبر عن ذلك ميخائيل نعيمة حيث قال:

"إن اللغة وسيلة التعبير عن الأفكار والعواطف فالأفكار اولا واللغة ثانيا"[1]

فمن هذا المنطلق يعتبرون اللغة - مجموعة الألفـاظ - وسـيلة لا غايـة فهـي وعـاء يحملون فيه افكارهم للناس لذلك اباحوا لأنفسهم ارتكاب بعض الأخطاء والضرورات النحوية والشعرية التي لا يلجأ إليها الشعراء إلا عندما لا يجدون مفرا إلا إليها. وقد نبه بعـض النقـاد والأدباء إلى هذه الناحية كطه حسين حين انتقد ابا ماضي في لغته.

وكذلك عاب بعض النقاد جبران خليل جبران في مواكبه حين التجـأ إلى اسـتعمال لفـظ عامي دون اللفظ الفصيح حين قال:

هل تحممــــت بعطــر وتنشفــت بنـــور؟

فكلمة تحممت عامية والفصحى استحممت، ولو عرفنا المبادئ التي نادى بهـا شـعراء المهجر في نتاجهم لعذرنا جبران واخوانه، في هذه الناحية حيث إن هدفهم الأول والأخـير هـو توصيل افكارهم باللغة المأنوسة عند الناس والألفاظ التي يهتدون إليها بحسهم لأن تحممـت مستعملة ومتداولة بين الناس أكثر مـن اسـتحممت. وقـد قـام ميخائيـل نعيمـة للـدفاع عـن جبران في هذا المقام في غرباله.

---

(1) الغربال - نعيق الضفادع ص ٨٦.

فمسايرة لاهدافهم يجب عليهم أن لا يغلو في استعمال هذا اللون من الألفاظ لدرجة تذهب بالاساليب العربية الفصيحة.

فمن هنا نرى أن التطور قد طرأ على الالفاظ العربية على عدة مراحل أخرها ما نادى به شعراء المهجر من استعامل الالفاظ السهلة المألوفة لدى اسماع الناس جميعا.

ومما يلاحظ في اشعارهم انهم استعملوا بعض الألفاظ الأجنبية وهذا يرجع لامتزاجهم بالشعب الاجنبي ولكثرة دوران اللغات الاجنبية على السنتهم ومن أمثلة هذه الالفاظ ما نجده في ديوان الأعاصير لرشيد الخوري فقال في مدح سلطان باشا الأطرش:

يقولـون "مترليوزنـا" بصدورهـم | ويكـافحون "التنـك" بالأبـدان
وبعيـد الشـعب المهـج كانـها | تتفجـر "الدنميـت" بالاطنـان[1]

فالشاعر استعمل كلمات أجنبية مثل مترليوز، والتنك، والدنميت، وهي انواع من الأسلحة.

وعلى نفس النهج نرى رشيد ايوب يصف مدينة نيويورك وازدحام المواصلات فيها فيقول:

كـأني "بالصبواي" يـوم تجمـهرت | بهـا النـاس خلـت النـاس في موقـف الحشر
تـروح بهـا، الكـارات مـلأى خلائقـا | وترجـع بهـا مـثقلات إلى الجـسر[2]

(1) ديوان الاعاصير: رشيد الخوري ص ٣٤.

(2) شعراء الرابطة القلمية: ص ٢٧١.

فالصبواي والكارات كلمات أجنبية.

وأكثر من ذلك فقد ذهب أحد شعراء المهجر إلى نظم قصيدة وجعل قافيتها اجنبية. وهو أسعد رستم ولعله أول شاعر عربي -بل لعله الشاعر الوحيد[1]

- الذي نظم الشعر العربي وجعل له قافية اجنبية فقد القى سنة ١٩٠٨ قصيدة في حفلة الخريجين من جامعة بيروت الامريكية بهذه الطريقة.

ونلاحظ أن شعراء المهجر قد استعملوا الالفاظ الدالة على الجو الموسيقي الذي يدعو إلى التفاؤل والبهجة والسرور فظهر في اشعارهم الفاظ الناي والقيثارة والعود والكمنجة وهي ادوات تحمل طابع المرح والسرور الذي كان يتوق إليه شعراء المهجر للخلاص من متاعب الحياة التي تصادفهم.

وبعد ذلك فإن هذه المحاولات ترجع لعدة اسباب اولها محاولة دفع عجلة التطور الادبي إلى الامام كي يساير الحضارة ومظاهرها المزدهرة.

واتصالهم بالغرب وثقافته، وظروفهم الصعبة التي وضعتهم في بيئة تحتم عليهم الانجراف امام تيار الحضارة الاوروبية والابتعاد عن اللغة العربية وأدابها.

هذا بالنسبة لاستعمالهم الالفاظ الاجنبية اما استعمالهم الالفاظ المألوفة فلست أرى فيه موضع ضعف بل قوة وذلك لأن الألفاظ المألوفة هي التي تستطيع في الغالب أن تستنفذ احساس الشاعر كما انها اقدر من الألفاظ المهجورة على دفع مشاعرنا للتداعي[2]

---

(١) ادب المهجر - الناعوري ص ٣٣٢.

(٢) في الميزان الجديد: محمد مندور ص ٥٥.

فقد استطاعوا ان يقعوا على الألفاظ الموحية المثيرة للأحاسيس والمشاعر. واستخدموها استخداما فيه فائدة للشعر العربي الذي يعبر عن جوانب الحياة تعبيرا صادقا. مع الابتعاد عن الألفاظ الوحشية المهجورة المطابقة للقواعد النحوية ومن هذه الناحية صب النقاد انتقاداتهم على شعراء المهجر واعتبروهم خارجين عن التقاليد الموروثة.

ويرجع بعض الكتاب[1]

هبوط المستوى اللغوي في شعر المهجر إلى هجرتهم في سن مبكرة قبل ان تكتمل ثقافتهم اللغوية العربية.

٤- التجديد في الأساليب الشعرية:

لقد كانت القصيدة العربية قديما تتضمن عدة أغراض فكان الشاعر إذا أراد أن يمدح ملكا أو أميرا كان يبدأ بالغزل ثم بوصف ناقته وطريق رحلته وما تحمله من متاعب وما لاقاه من مصاعب ، ثم يتخلص للغرض الأصلي الذي أقيمت القصيدة من أجله وبعض النقاد يرجع هذه الطريقة في النظم إلى استرعاء الاسماع كي يشد انتباههم بتلك البداية الغزلية المحببة إلى النفوس.

وغالبا ما كان شعرهم يميل إلى الناحية التقريرية المحاطة باطار من الأوزان، والقوافي الثابتة والجزالة في الأساليب والخشونة في الألفاظ.

وعندما أخذ العرب ينفتحون على العالم الأجنبي حصل تغير في الأساليب وصياغتها، فمالت إلى الرقة والتهذيب كما حدث في عصر العباسيين والاندلسيين.

---

(١) التجديد في شعر المهجر – مصطفى هدارة ص ١٩١.

وفي مطلع هذا القرن عندما هاجرت مجموعة من الشبان العرب إلى بـلاد الأمريكيتين واتصل العرب بالثقافة الغربية رأينا تحولا قد طرأ على الأساليب الشعرية العربيـة فأصبحت تحاكي أساليب الشعر العربية.

فأتمت أساليب شعراء المهجر بالناحية الإيحائية بدلا من الناحية التقريرية التي كانـت متبعة في الشعر العربي القديم الغربية .

فالإيحـاء يشرك السـامع في أحاسـيس الشـاعر وافكـاره التـي تمتـاز بالرقـة والهـدوء والعواطف الجياشة والخيال المحلق.

فكان نتاج امتزاج كل هذه الخصائص قد خرج الينا بقوالب شعرية قصصية تأملية.

فرأينا القصص الشعرية والمطـولات الهادفـة إلى معالجـة المشـاكل الحياتيـة مـن أجـل الارتفاع بمستوى الانسانية بأسلوب غالبا ما يمزج الواقع بالخيـال. مـع حـوار جميل يميـل إلى الرمز في بعض الاحيان ومن مظاهر التجديد في الأساليب الشعرية وتطورها مايلي:

أ‌- القصة:

لقـد عـرف الشـعر العربي القصة في عصـوره المختلفة وكانـت تـدور حـول تجـارب شخصية لبعض الشعراء الذين يصورون دبيبهم إلى عشـيقاتهم ومـا يلاقونـة مـن مخـاوف ومتاعب من أجل الوصول إلى أهدافهم.

فرأينا امرأ القيس في قصته مع الفتيات على الغدير وكيـف اسـتطاع ان يـدخل الخـدر على حبيبته عنيزة وكيف ادار حوارا مليئا بالعاطفة بينه وبين محبوبته. وهي قصة طويلة.

ومثله في هذه الناحية نجد عمر بن أبي ربيعة الذي يصف كيف تسلل إلى خدر حبيبته بعد أن نام القوم وبعد أن نال مطلبه منها وكاد الفجر يطلع فعلت الحيرة وجه حبيبته التي لم تجد بدا من الاستعانة باخواتها حتى يرسمن خطة لاخراجه من بيوت الحي بعد أن استيقظ القوم وتنجح الخطة فيعلو البشر وجه الفتاة التي تخلصت من ذلك المأزق.

وهي قصة شعرية مليئة بالحوار العاطفي وهكذا نجد بعض القصص الشعرية الفردية التي كان يقوم بها بعض الشعراء في مغامراتهم العاطفية وإن اطلاق اسم القصة على هذا النمط من الأشعار يكون من باب التجاوز لعدم انطباق التعريف الفني الكامل للقصة عليه.

وفي بعض الاحيان تحتوي بعض القصائد الشعرية اكبر قسط من السمات الفنية للقصة، وهذا يكون نادرا كما حدث في قصيدة الحطيئة حين يصف الكرم العربي بطريقة قصصية جميلة تتوفر فيها عناصر القصة كاملة من الأشخاص والمكان والزمان والعقدة وحلها.

وملخص القصة أن الشاعر كان يعيش مع زوجته وأولاده الثلاثة في صحراء موحشة مع معاناة من الفقر والحرمان، وفي ساعة متأخرة من الليل رأى ضيفا قادما إليه فارتسمت الحيرة على وجهه لأنه لا يملك شيئا من الطعام يقدمه إليه، فلما رأى ابنه الأكبر ما حل بوالده من حيرة قال له: يا ابت اذبحني وقدم له طعما. فبدأت العقدة عند ما وقف الأب حائرا بين عاطفة الابوة والكرم. وقبل ان يهم بذبح ابنه يشاهد قطيعا من الحمر الوحشية فاكمن لها واصطاد حمارا؛ فحلت العقدة وقدم الطعام لضيفه وحافظ على ولده واطعم أولاده جميعا. ويصور حالته في أبيات منها:

وطـاوي ثــلاث عاصـب الـبطن مرمـل	ببيـداء لم يعـرف بهـا ســاكن رسـما
أخـى جفـوه فيـه مـن الأنـس وحشـة	يــرى البــؤس فيهـا مـن شراهتـه نعـمـى
تفــرد في شــعب عجــوزا ازاءهـا	ثلاثـة اشخـاص تخالهم بـهمـا
حفـاة عـراة مـا اغتـدوا خبـز ملــة	ولا عرفـوا للـبر مـذ خلقـوا طعــما
رأى شـبحا في الظــلام فراعــــه	فلــما رأى ضـيفا تســور واهتـــما

فهو يصور لنا المكان والاشخاص والحالة التي يعيش فيها وبعد ذلك يـبدأ الحوار بينـه وبين ابنه فهذه الصورة الشعرية القصصية التي عرفت عند العرب فهي نادرا مـا تكتمـل لهـا عناصر القصة الشعرية الفنية.

وهي تميل إلى التعبير عن التجارب الفردية الساذجة ولما بدأت النهضة الادبية الحديثة ووضعت الاسس الفنية التي تقوم عليها القصة من حداثة الموضوع، والمكان والزمان والخيـال السامي وعنصر التشويق والعقدة والحل والأسلوب الحواري الجميل الـذي يحـرك العواطـف والمشاعر.

وهذه السمات الفنية وجدت في القصص الشعرية عند مطران الذي يعتبر اسبق مـن غيره في هذا المجال.

وبالنسبة لشعراء المهجر نـرى أنهـم بالإضافة إلى استفادتهم وتأثرهم بـاخوانهم في الوطن العربي فقد كان لاتصالهم بالثقافة الغربية كبير الأثر في شعرهم القصصي- الأمر الـذي جعلهم يمتازون عن اخوانهم في الوطن العربي باضافة التنويع في القوافي والاساليب والمواضيـع الشعرية الهادفة إلى معالجة المشاكل الاجتماعية والاخلاقية والسياسية وغيرها.

ومن أشهر شعراء المهجر القصصين ايليا أبو ماضي وجبران خليل جبران، ورشيد الخوري والياس فرحات.

فأبو ماضي يعتبر رائدا لكثرة ما نظمه في هذا المجال فكانت قصصه تتأرجح بين الواقعية والخيال -والرمزية والاسطورية وكلها تدور حول استخراج العبرة والموعظة كما في قصيدته التينة الحمقاء، والعير المتنكر، ومن هي. والسلطان الحائر، والدمعة الخرساء وغيرها.

وقصة الدمعة الخرساء تدور حول موت صبية شابة، ويأتي على صوت النواح فراعة منظر احدى النائحات اللائي تجمعن حول الصبية الميتة فتحيرت الدمعة الخرساء في مقلتيها فراح الشاعر يعزيها ويخفف من ألامها ويقنعها بأن الموت، مصير كل فرد في هذا الوجود ويشرح لها فكرة تناسخ الأرواح، حيث إن الموت في النهاية سيأتي علينا جميعا فتشاهدي صديقتك في الأخرة حيث الجمال والطبيعة والخلود المطلق.

وبقي على هذه الطريقة حتى اقنع الفتاة الخائفة. فيفترقا ويذهب الشاعر إلى مضجعه إلا انه لم يسطع النوم، لأن الشك والحيرة والتفكير اخذت تساوره كيف استطاع أن يخدع تلك الفتاة بغير الواقع والحقيقة فنراه يقول:

سمعت عويل النائحات عشية	في الحي يبتعث الأسى ويثير
يبكين في جنح الظلام صبية	إن البكاء على الشباب مرير
فتجهمت وتلفتت مرتاعة	كالظبي أيقن أنه مأسور
وتحيرت في مقلتيها دمعة	خرساء لا تهمي وليس تفور

ويقول مخففا من روعها وجزعها بان لنا بعد الموت عودة ونشور:

لا تجزعي فالموت ليس يضيرنا	فلنا اياب بعده ونشور
إنا سنبقى بعد ان يمضي الورى	ويزول هذا العالم المنظور

وبعد أن استطاع النجاح في اقناع الفتاة وايهامها يقول واصفا ذلك:

فتبســمت وبــدا الرضا في وجههــا   إذ راقهــا التمثيــل والتصويــــر
عالجتهــا بــالوهم فهــي قريــرة   ولكــم افــاد الموجــع التخديــــر

فبعد افتراقهما نامت الفتاة قريرة العين. أما الشاعر فقد حامت الشكوك على روحه ويصف حالته بقوله:

لكننــي لمــا أويــت لمضجعــي   خشــن الفــراش علــي وهــو وثيــر
حامــت علــى روحــي الشــكوك كانهــا   وكــأنهن فريســة وصقــــور
اكــذا تمــوت وتنقضي احلامنــا   في لحظــة وإلى الــتراب نصــير
خــير اذن منــا الألى لم يولــدوا   ومــن الانــام جلامــد وصخــور[1]

وعلى هذا النمط تسير اغلب قصائد ايليا ابي ماضي القصصية التي تدور حول استخراج العبرة الهادفة.

واما الياس فرحات فله مجموعة من القصص الشعرية التي تمزج الواقع بالخيال ومنها خصلة الشعر وكل حر في دولة الظلم جان[2]

وهي تتعرض لقضية التفرقة الدينية في وطنه بين المسيحين والمسلمين ممثلة في قصة حب وقعت بين طفل وإحدى رفيقاته في الصبا ولكن أهلها رفضوا تزويجها له بسبب الدين، الأمر الذي دفع بالطفل إلى الاعتزال وعدم مخالطة رفاقه.

---

(1) ديوان الخمائل - ابو ماضي ص ١١.

(2) ديوان فرحات ص ٢١٤.

وكان والد الفتاة يكره المستعمرين الفرنسيين فقتلوه مما دفع الزوجة إلى الرحيل إلى دمشق مصطحبة معها ابنتها فلحق بهما الطفل وفي أحد الشوارع التقى بحبيبته وبينما هما في حديث مشترك قتلهما أحد المستعمرين فماتا معا شهدين للحب.

أما قصة الراهبة:

فهي تدور حول فتاة جميلة كانت على علاقة حب مع أحد الفتيان الا أن حبيبها هجرها فنقمت على كل من حولها واخذت تعالج ما اقترفه حبيبها من هجرها بالعزلة والانطواء فذهبت إلى الدير وترهبت.

وفي أحد الأيام خرجت من الدير إلى الحديقة تجمع بعض الزهور وبينما تتجول في الحديقة رأت زهرة في أعالي الجدار تداعبها نسمات الصبا فاعجبت بها وبجمالها واخذت تسألها عن سر عزلتها وانطوائها عن بقية اخواتها مع جمال منظرها ولما عادت الفتاة إلى خدرها وجدت في تلك الزهرة مثلا لها في الجمال والعزلة داخل الدير.

فيقول فرحات:

اطلت من الدير عند الضحى	وفي ناظريها بريق الأسى
فتاة كأن الأله براها	ليجعلها فتنة للنهى
ولكنها في صباح الحياة	علا وجنتيها شحوب المسا
رماها الزمان بهجر الحبيب	فداوت ظلال الهوى بالهدى
تصلي فتحسبها دمية	من العاج ساجدة للدمى
تحاول نسيان محبوبها	وزهو الشباب وعز الغنى

فبعد أن يصور جمال الفتاة وقصة هجر الحبيب وترهبها في الدير محاولة نسيان ذلك الحبيب ينتقل إلى فصل آخر حين يصف خروجها من الدير لتجمع بعض الأزهار من الحديقة وتشاهد زهرة جميلة منعزلة في أعالي الجدار فتخاطبها:

أخيـــة يهنيـــك هـــذا الســـمو   وهـــذا البهـــاء وهـــذا الرضـــا
ولكـــن أمـــا كـــان أشـــهى لـــديك   جـــوار الازاهـــير في الـــربى

وبعد عودتها إلى خدرها وعندما آوت إلى مضجعها وتحسست جمالها يقول:

وفي الليـــل ســـارت إلى خـــدرها   وفي قلبهـــا مثـــل نـــار الغـــضا
ولمـــا نضـــت ثوبهـــا لتنـــام   تبـــين مـــن حســـنها مـــا اختفـــى
فمـــدت إلى صـــدرها كفهـــا   وقـــد فـــتح الـــورد تحـــت النـــدى
وقـــال لهـــا قائـــل صامـــت   وكـــأن الـــذي قيـــل رجـــع الصـــدى
وأنـــت تعيشـــين في عزلـــة   فـــلا في الســـماء ولا في الـــثرى
لمـــن خلـــق اللـــه هـــذا الجمـــال   ومـــن يتنشـــق هـــذا الشـــذى[1]

ففي النهاية تجد الفتاة القول الذي خاطبت به الزهرة ينطبق عليها فاقتنعت في النهاية إلى التحلل من عزلتها والمتمتع بجمالها.

وهذه القصيدة قصة تحليلية لنفسية الفتاة الراهبة باسلوب جذاب وبراعة في التصوير والإيحاء وهي واقعية.

---

(1) الشعر العربي في المهجر - عبد الغني حسن ص ٢٥٨.

وكذلك نجد الشاعر القروي في قصيدته القصصية (حضن الأم) الذي فيه الدفء والحنان ووجد أنه أفضل من أحضان الانبياء الذين سخرهم الله للشاعر كي يحتضنوه ويرعوه. إلا ان -الشاعر- كان في كل مرة يتبرم ويسأله الله عن سبب تبرمه وتذمره، فيخبره أنه يرجو نقله لحضن ينام فيه قرير العين، والحضن الذي يقصده هو حضن الأم. فيتعجب الله خالق الاكوان كيف اختفى عنه ذلك السر الذي اهتدى إليه الشاعر. فتروق له الفكرة وتعجبه، فأراد الله أن يجرب حنان الأم الذي أشاد به الشاعر فنام في حضن مريم.

والشاعر في هذه القصيدة وغيرها كبقية اخوانه امثال ايليا أبو ماضي والياس فرحات والياس قنصل وجبران -فهم جميعا ينهلون من الطبيعة المسيحية حين يتجرأون على خالق الكون بهذه الطريقة المتطرفة دون اعتبار للجلالة الإلهية فينسجون من خيالهم تلك القصص التي تراود افكارهم ولنقف على بعض المشاهد من هذه القصة.

فيقول الشاعر بعد أن سخر الله له أحضان الأنبياء معلنا رفضه لها ومطالبا بحضن أكثر حنانا وعطفا فخاطب ربه:

اتيتك راجيا نقلي لحضن	احب إلي من نفسي وأكرم
لحضن طالما قد نمت فيه	قرير العين بين الضم والشم
أما القيت رأسك فوق صدر	حنون خافق بمحبة الأم
فدعني من نعيم الخلد اتي	نعيمي بين ذاك الصدر والفم
تربتني كعادتها، برفق	وتنشد نم حبيب بالهنا نم
وقال لنفسه هذا محال	أيعلم شاعر ما لست أعلم
اينعم خاطئ في الأرض قبلي	بما أنا لست في الفردوس أنعم

لاكتشــفن هـــذا الســـر يومـــا	ولــو كلفــت ان أشـــقى واعـــدم
وكانــت ليلـــة.. وإذا حبيـــبي	صـغير نـائم في حضـن مـريم..!!

وللقروي قصص كثيرة منها الخيالية والواقعية والتي تحوي الخيـال والواقع وغالبـا مـا تكون هادفة ورمزية مصورة لأحوال المجتمع كالعصفور والباشق والانسان ومثل القروي نرى الياس فرحات الذي ألف ديوانا رعويا اسمه احـلام الراعـي وهـو يضم سـت قصائد طويلـة ولكنها هادفة ونافذة لما يدور في المجتمع من مظالم.

وسنعرض لواحدة من هذه القصائد في حديثنا عن المطولات الشعرية.

ب- المطولات الشعرية:

لقد حفل الشعر العربي بالمطولات الشعرية كالمعلقات الجاهليـة التـي كانـت تحـتكم إلى قيود الوزن والقافية وتعدد الأغراض الشعرية والتي تمتاز بالواقعية أما المطولات الشعرية التي اخرجها شعراء المهجر فإنها تمتاز بعدة أشياء عن المطولات الشعرية التي عهدناها مـن قبل.

فقد تحررت من تلك القيود القديمة كالتزام بحر واحد وقافية واحدة وجمع اكـثر مـن غرض واحد في القصيدة.

كل هذه السمات الشعرية ثار عليها شعراء المهجر ومالوا إلى بعض التجديد في الشكل والمضمون فمن ناحية الشكل نرى أنهم قد نوعوا في القافية وفي الاوزان فحشدوا في القصيدة الواحدة أكثر من قافية وأكثر من بحر واعتمدوا على البحور ذات الأوزان الخفيفـة الموسـيقية ومالوا إلى الألفاظ البسيطة المألوفة وهجروا الكلمات الوحشية المهجورة.

وأداروا عنصر الحوار في قصائدهم وجعلوه عنصرا اساسيا من أجل توضيح افكارهم للناس واعتمدوا على المزج بين الواقع والخيال المحلق.

ومن ناحية المضمون فقد كانت قصائدهم تحمل في ثناياها العبرة والموعظة والأفكار الهادفة الناقدة برمزية خفيفة وغالبا ما تدور المطولة على فكرة معينة أو أكثر، بأسلوب تأملي.

وقد أطلق بعض الباحثين على هذه المطولات "اسم الملاحم" والواقع ان هذه المطولات ان اقتربت من الملاحم في بعض خصائصها الا انها تفترق معها في البعض الآخر.

لذلك يكون اطلاق اسم "الملاحم" على تلك المطولات من باب التجوز فقط. فهي قصائد شعرية غنائية طويلة النفس ومتعددة القوافي وتميل إلى الناحية التأملية من أجل العثور على الحقيقة أو من أجل تجسيد بعض الأفكار وترسيخها في الأذهان لما تحمله من مواعظ وعبر هادفة ومقصودة من الشاعر.

"ومن هذه المطولات الواقعي الذي يعالج ناحية من نواحي المجتمع بطريقة نقدية بناءة. ومنها ما هو عبارة عن رحلات خيالية تذكرنا بالمسرحية الالهية لدانتي، ورسالة الغفران للمعري وثورة الجحيم للزهاوي" (١)

وللوقوف على مظاهر التطور والتجديد في هذه المطولات الشعرية نعرض لبعضها في شيء من التحليل.

---

(١) الادب العربي في المهجر: حسن جاد، ص ١٨٦.

١- المواكب، لجبران خليل جبران:

تعتبر مطولة المواكب من مؤلفات جبران خليل جبران الرمزية الفلسفية، وهي تدور على معالجة الحياة بكل ما فيها من تقاليد، فهي تجسيد للصراع الدائم بين حياة التقاليد البالية، وبين حياة المتفائلين والذين يسايرون ركب الحضارة ويجارونها.

فجبران أراد أن يبرز فكرة اقتنع بها ورغب في تعميمها على الاخرين لأنه رأى فيها الأنسب للبقاء.

وتلك الفكرة تقوم على الدعوة إلى حياة البساطة، والجمال، والطبيعة المرحة والهروب إلى الغاب تخلصا من تلك التقاليد القديمة البالية.

فيدير حوارا بين القديم وتعقيداته والحديث وبساطته.

فجعل من الشيخ متحدثا بلسان القديم وجعل من الفتى ناطقا بلسان البساطة والأمل والتفاؤل.

ويجعل بين الاثنين صراعا بين التشاؤم والتفاؤل وبين السلب والإيجاب بطريقة فنية جميلة.

"وتعتبر هذه القصيدة أول قصيدة من نوعها في العربية تتضمن صورتين يتكلمان سلبا وايجابا" [١]

وقد استطاع جبران أن يرسم لنا لوحة رائعة لما يكتنف حياة الانسان من تطورات ومن مظاهر مختلفة فكان يكشف الداء على لسان الشيخ ويحضر له الدواء، على لسان الفتى. وبالتالي أخرج فكرته التي تمس كل جوانب الحياة

---

(١) المواكب: جبران خليل جبران - تقديم نقولا عريضة ص ٨.

الانسانية من خير وشر وعدل وظلم ودين وشرف وغيرها. من العادات التي يصادفها الانسان في حياته فهي تمثل الثنائية في الشعر العربي وتهدف إلى التفاؤل والاستبشار بأسلوب رائع وجميل. فنراه يقول في مطلعها:

الشيخ:

الخير في الناس مصنوع إذا جبروا   والشر في الناس لا يفنى وأن قبروا
وأكثر الناس آلات تحركها   اصابع الدهر يوما ثم تنكسر
فلا تقولن هذا عالم علم   ولا تقولن ذاك السيد الوقر
فأفضل الناس قطعان يسير بها   صوت الرعاة ومن لم يمش يندثر

الفتى:

ليس في الغابات راع   لا ولا فيها القطيع
فالشتا يمشي ولكن   لا يجاريه الربيع
خلق الناس عبيدا   للذي يأبى الخضوع
فإذا ما هب يوما   سائرا سار الجميع
اعطني الناي وغن   فالغنا يرعى العقول
وانين الناي ابقى   من مجيد وذليل

فبدا حديثه على لسان الشيخ فوصف الخير عند الناس بالتكلف والتصنع وإذا فعلوا الخير فإنما يفعلوه تملقا وارضاء لمن هم اعلى منهم درجة. وأما الشر فهو ملازم لهم حتى في قبورهم.

ثم يرد عليه الفتى: ان الغاب ليس فيه أحد افضل من الآخر فالكل سواسيه لا فرق بين كبير وصغير أو بين غنى وفقير. فهو يدعو الناس إلى

حيث الهدوء والبساطة والخلود، والغناء، والجميل. وفي هـذا تجسـيد لوحـدة الوجود التي نادوا بها.

ثم ينتقل للحديث عن الدين فيقول على لسان الشيخ:

والدين في الناس حقل ليس يزرعه   غير الأولى لهم في زرعه وطر

فيقول الفتى:

لــــيس في الغــــاب ديــــن   لا ولا الكــــفر القبــــيح

ثم يتكلم عن العدل فيقول الشيخ:

والعدل في الأرض يبكي الجن لو سمـعوا

به ويستضحك الأموات لو نظـروا

الفتى:

ليس في الغابات عدل   لا ولا فيها العقــاب

إن عدل الناس ثلـج   ان رأته الشـمس ذاب

ثم يتكلم عن الحق.

الشيخ:

والحق للعزم والارواح إن قويت   سادت وإن ضعفت حلت بها الغير

الفتى:

ليس في الغابات عزم   لا ولا فيها الضعيف

وهكذا يستمر الشاعر في تناول مظاهر الحياة المختلفة فيعرض للحرية والسعادة والحب والروح والموت ثم يختم الشاعر مطولته بأبيات تذوب حسرة على ذلك الشيخ الذي اقتنع بكل ما قاله الفتى أمام تلك الاغراءات الكثيرة التي تصل به إلى حيث البساطة والجمال الخلاب والحياة الخالدة.

إلا أنه لم يستطع الانفلات من قيود المدينة الزائفة ومن نفاق المجتمع الذي يعيش فيه فيقول جبران:

ليـــت شـــعري اي نفـــع	في اجـــتماع وزحــام
وجـــدال وضجـــيج	واحتجـــاج وخصـــام
العــيش في الغــاب والايــام لــو نظمــت	في قبضــتي لغــدت في الغــاب تنتشرـ
لكــن هــو الــدهر في نفسيــ لــه أرب	فكلــما رمــت غابــا قــام يــعتذر
وللمقـــادير ســـبل لا تغيرهـــا	والنـــاس في عجـــزهم عـــن قصـــدهم قصرـــوا

فهذه الخاتمة تدل على أن الشاعر رغم الاغراءات المتعددة التي صاغها بأسلوب رقيق وذوق شفاف وتجارب واعية إلا أنه لم يستطع ان يقتلع ما في قلوب الناس الذين اكتشف انهم مسيرون ولا خيار لهم في امورهم.

وفي البيت الأخير نرى أنه لم يجد بدا من الايمان بقضاء الله وقدره مسلما الامور وتغيرها لله.

وبالجملة فقد كانت هذه المطولة تدور على فكرة اصلاحية وعلاجية لجوانب الحياة المختلفة التي أفسدتها الايام محاولا ان ينقذها من مفاسدها وتقاليدها المملة. وقد صاغها باسلوب حواري شيق ووشاها بموسيقى غنائية ذات جرس اخاذ بالإضافة إلى تلك القوافي المتنوعة والبحور الشعرية المختلفة التي أضفت على القصيدة حسنا وجمالا.

٢- الطلاسم لايليا أبي ماضي:

تتكون هذه المطولة من واحد وسبعين مقطعا وكل مقطع يتكون من أربعة ابيات منتهية بلازمة -لست أدري- وهي تمتاز بالتأمل العميق في بواطن الحياة وجوانبها المختلفة من أجل الوصول إلى الحقيقة وقد التزم الشاعر في ذلك استخدام فلسفته وتجاربه الذاتية في الحياة وحقيقتها عن طريق العلاقة بين الانسان والطبيعة وبين مظاهر الوجود ومختلف طوائف البشر فيبدأ قصيدته بالحديث عن نفسه من أين جاءت وكيف تنتهي؟ فيقول:

جئت لا أعلم من اين، ولكنني اتيـــــت.

ولقد ابصرت قدامي طريقا، فمشيـــــت.

وسأبقى سائرا إن شئت هذا، أم أبيـــــت.

كيف جئت؟ كيف أبصرت طريقي؟ لست أدري [١].

على نهج هذه البداية سار الشاعر في كل مطولته فقد كان يتجه إلى كل مكان يسائله عن حقائق معينة إلا أنه كان يصدم في كل مرة بجواب لست أدري ورغم ما نلمسه في القصيدة من خروج الشاعر بهذا الجواب إلا ان بعض الباحثين له رأي في ذلك مفاده:

"إن الشاعر قد انتهى إلى الحقيقة التي ينشدها. وان اسئلته التي كان يطرحها كانت جميعا من نوع "تجاهل العارف".

---

[١] ديوان الجداول ص ١٢٩.

وإنما قصده من طرح تلك الاسئلة والاجابات ان يشرك القارئ في حل المسائل المعقدة وبهذه المطولة وضع الشاعر في ايدي قرائه مفاتيح الحياة وتركهم يعالجون مغاليقها" [1]

ونقول إن الشاعر ربما قصد من أسئلته ما رآه الاستاذ الناعوري ومما يؤيد ذلك أننا وجدنا له بعض الاشعار التاملية التي يكثر فيها من الأسئلة استطاع ان يصل عن طريق المظاهر الطبيعية إلى ان هناك قوة موجودة لها وربا مسيرا لها، وعن طريقها آمن بالله وبقوته وذلك حين يقول في قصيدته "الغابة المفقودة":

يـا لهفـة الـنفس عـلى غابـة	كنـت وهنـدا نلتقـي فيهـا
آمنـت بـالله وآيـاته	الـيس اللـه باريهـا [2]

فمن باب أولى أن يكون إيمانه بالله عن طريق تفكيره في نفسه التي تعتبر آية من آيات الله.

٣- الأسطورة الأزلية لأبي ماضي:

وهي مطولة شعرية تقوم على فكرتين أساسيتين:

الفكرة الأولى: وهي عدم رضى الناس بحظوظهم في الحياة والسبب في هذه الفكرة يرجع إلى عدم الإيمان وعدم استقراره في النفوس.

---

(1) ايليا ابو ماضي رسول الشعر الحديث – عيسى الناعوري ص ٦٩.

(2) ديوان الخمائل – ابو ماضي – ص ٨٦.

والفكرة الثانية: هي الإيمان بوحدة الوجود وهي فكرة تكاد تغلب على شعراء المهجر جميعا حيث إنهم يرون أنهم متساوون مع الطبيعة وخالق الطبيعة فالدين و الله والأرض والسماء والحيوان والانسان وجميع مظاهر الحياة كلها سواسية.

وقد عبر ابو ماضي عن هاتين الفكرتين في صورة شعرية اسطورية من حيث اجتماع الله مع الناس في السهل والوادي ومحاورتهم معه.

وتبلغ هذه الاسطورة اثنان واربعون ومائة بيت في عشرة اناشيد، وكل نشيد يمثل صورة من ابناء الحياة كالفتى والشيخ والأبله والحسناء، والدميمة والفقير، والغنى والعبقري، وكان كل واحد منهم يطلب من الله أن يبدل حاله لأنه ناقم على حظه الذي رمى به. فاستجاب الله للاجتماع بهم واخذ كل واحد يعرض شكواه و الله يسمع ما يقوله كل واحد فيهم، وفي النهاية يستجيب الله لمطالبهم وينال كل واحد ما تمناه.

إلا أنهم بعد قليل يضجون ساخطين من جديد على حالتهم الجديدة وستبقى النقمه على احوالهم -مهما تغيرت- ملازمة لهم وهذا يدل على عدم ايمانهم بالمساواة بين مظاهر الحياة المختلفة وعدم إيمانهم بوحدة الوجود المتكامل حيث لا فرق بين غني وفقير وقبيح وجميل طويل وقصير ولو تمكنت هذه الفكرة في عقولهم لغمرتهم السعادة والطمأنينة.

ولقد كان أبو ماضي بارعا في تحليل النفوس لابناء المجتمع على مختلف انواعها، وبالتالي اخرج لنا صورة غاية في الجودة والتعبير عن مشاعرهم والحديث بلسان كل واحد فيهم وما يدور في داخله. لولا تلك الاستباحات

الخيالية التي عمد إليها الشاعر حين اجتماع الـلـه بالناس في السـهل والرابيـة ثـم مـا قاله على لسان الدميمة:

ان اخطأ الخزاف في جـبله   الطين فأي ذنب لـلآنية؟

وهذه الاستباحات برزت في شعر أبي ماضي والقروي في قصيدته "حضـن الام" والياس قنصل والياس فرحات وهي مستمدة من العقائد المسيحية.

٤- سلام الغاب للياس فرحات:

هذه المطولة واحدة من ست قصائد جمعها الياس فرحات في ديوانه المسـمى "احـلام الراعي" وهو يدور حول الطبيعة وجمالها التي يعالج من خلالها مشاكل المجتمع والتـي يـبرز بواسطتها مساوئ المجتمع وقصيدة سلام الغاب تقوم عـلى مـزج بـين الحقيقـة والخيـال مـع الرمز الموحي.

فيصف الشاعر نفسه عندما خرج مع اغنامه الى الغاب مع بزوغ الفجـر حـاملا عصـاه في يده التي يستخدمها في الدفاع ضد اعدائه ومعـه غضرـوفة الاليـف - كلبـه - الـذي يسـير خلف الأغنام فيقسم القصيدة إلى فصول متناسقة فيقول في المقدمة:

سرت أمـام الشـاء في كفـي العـصا   والشـاء خلفـي درر نظيـمة
وخلفهـا الغضرـوف ان رأس عصـي   طوعـه بالوثبـة الحكيمـة
سرت بهـا مـن سـاحة المـراح   أبغـى لهـا المرعـى الخصيب الزاهـي
في بقعـة باسقـة الأرواح   وافـرة الظـلال والميـاه
وصـلت والشـمس إلى المرعـى معـا   فاسـتقبلتنا الطـير باشتيـاق

ففي هذا المشهد بصور تحركه مع أغنامه وكلبه قاصدا المرعى الخصيب حيث الخضرة والماء، وكان وقت ووصوله إلى المرعى مع بزوغ الشمس فاستقبلته الطيور المغردة باشتياق وسرور وهذا يدل على التعاطف المتبادل بين مظاهر الطبيعة والانسان وهي ناحية امتاز بها المهجريون عن غيرهم.

وعند الوصول انتشرت الاغنام والحملان ترعى العشب الاخضر أما شاعرنا فقد ادركه التعب فاستقلى على جانب الغدير متوسدا حجرا صغيرا إلى أن غمره النعاس فنام وترك حراسة الأغنام للغضروف المتيقظ دائما. فيصور ذلك المشهد بقوله:

وعنـــدما اتخـــذت لي وســـــادة	مـــن حجـــر ملقـــى لـــدى الغديـــر
شـــعرت بالغبطـــة والسعـــــادة	كـــانني الملـــك عـــلى الســـرير
وقـــام غضرـــوف عـــلى الحراســـة	عينـــاه تقـــدحان كالشهـــــاب
والانـــف تلـــك الألـــة الحساســـة	تكشـــف بالشـــم خفايـــا الغـــاب

وبعد قليل من الوقت يتنبه الشاعر على صوت الغضروف وعلى جلبة الاغنام التي نفرت عندما شاهدت الذئب يحاول الفتك بها لذلك أخذت تستنجد بالغضروف وتقول:

الذئب يا غـضروف	الذئب يا غـضروف
فاثبت وكن علـى حذر	ولا تغب ها قد ظهر

ولما سمع الشاعر تلك الفوضى التي احدثتها الاغنام استيقظ واخذ عصاه التـي ترافقـه وهجم على الذئب وضربه ضربة اودت بحياته ففرح الشاعر والغضروف بما حققاه مـن نصر على العدو.

وبعد ذلك اشار الشاعر على الغضروف ان يـرحلا عـن ذلـك المرعـى خوفـا مـن عـودة الذئب مع قومه وآله فيصور تلك الاشارة بقوله:

فقلـــت يـــا غضرـــوف هـــذا المرعـــى   غـــير أمـــين فلـــنقم سريعـــا
فقـــد يكـــون للخبيـــث رجـــعى   وآلـــــه وقومـــــه جيمـــــعا

ثم يحدث ما لم يكن بالحسبان وذلك عندما قامت نعجة تعترض عـلى صـاحبها الـذي قتل الذئب فبدلا من شكره لأنه خلصها من عدوها الا انها عضبت لقتلـه فـدار بيـنهما حـوار غاية في الدقة والتصوير فيصف ذلك الحوار بقوله:

فلـــم اكـــد أقتـــل العـــــدو   حتـــى انـــبرت لي اجمـــل النعـــاج
قالـــت لمـــاذا قتلـــت جائعـــا   ولم يبـــغ منـــا ســـوى الطعـــام
ولـــو رجعنـــا إلى الطبائـــــع   فـــالوحش خـــير مـــن الانـــام

ولكن الشاعر حاول ان يبين لها الاسباب التي دفعته للاقدام على قتل الذئب وذلـك لخطره على الكباش والحملان والأغنام. إلا ان كلامه لم يرق لها وردت عليه بالفكرة التـي أراد الشاعر أن يبرزها فيصور كلامها بقوله:

فاحتـــدمت غيضـــا وقالـــت تـــدعي   حمايتـــي يـــا أيهـــا المرائـــي
وأنـــت لـــو عجلـــت يـــوم مصرـــعي   ســـمعت مـــن حشرـــجتي ثنائـــي
نـــتهم الـــذئاب بالحمـــلان   وأنـــت أضراهـــا واقسىـــ عمـــلا

يـا أيهـا الجـاني ويـا ابـن الجـاني يـا مـثكلي في كـل عـام حمـلا
الـذئب لا يسـطو إذا لم يجـع وانـت تسـطو جائعـا ومتخمـا
بـل أنـت يـا انسـان عنـد الشبـع والـري مـا تـزداد إلا نهمـا
ومـا أنـس لا انـس الـذي صـنعته بحمـلي الأخـير يـوم العيـد

فبعد أن بينت سبب احتجاجها وغضبها على صاحبها لأنه يثكلها كل عام بأحد حملانها وتحتدم بينهما المناقشة والمجادلة فتثور ثائرتها وتضيق بصاحبها فتقول:

حتى متـى يا ناس تعلوكم الادنـاس
يا شر خـلق الباري لا تشتموا الضـواري
ان الـضواري انتم والشر فيكم منـكم

فغضب عليها الشاعر وهدد بضربها لانها اهانته واهانت جنس الناس ووصفتهم بأنهم شر خلق اللـه ولكن النعجة نطحته نطحة قوية اطارت السبات من أجفانه فاستيقظ فوجد نفسه كان غارقا في حلم عميق وأنه ما زال في كوخه ينام على فراش من جلود الغنم. فيقول:

ولست في الغاب بل في الكوخ على فراش من جلود الغنـم
وكان وجه الفجر عـن شباكي يغمرني بالبسم العـذاب
وكل طير ضاحك اوبـاك يهدي إلى عشي سلام الغاب[1]

---

[1] ديوان احلام الراعي - فرحات: ص ٣٩.

فهذه المطولة الشعرية التي اتخذ الشاعر لها الغاب مسرحا وادار عليه ذلك الحوار الذي يهدف منه ابراز حقيقة الناس وما يكمن في نفوسهم من ادناس خاصة إذا اصبحوا أصحاب سلطة ومكانة عالية.

فاستطاع الشاعر أن يصور تلك الحقيقة ممزوجة بالخيال ومطبوعة بطابع الرمزية من أجل معالجة مشكلة من مشاكل الحياة الراسخة في قلوب الناس واستطاع أن ينقدها نقدا سليما معبرا عن فكره العميق.

٥- على بساط الريح - لفوزي المعلوف:

هذه المطولة التي تبلغ ابياتها مائتين وثمانية عشر بيتا تمثل لنا النزعة التشاؤمية التي كانت تغمر اغلب شعراء المهجر - باستثناء ابي ماضي - ومن بينهم شاعرنا فوزي المعلوف الذي ضاق بالحياة وتعقيداتها فالتجأ - هربا من الواقع الذي يعيشه على الأرض بكل ما فيه من فساد وشر وتحاسد وتقاليد زائفة - إلى مكان يتميز بالعدل والطهارة إلى الفضاء الواسع.

وفي الاصل نرى أن الفكرة الاساسية للقصيدة تقوم على محاكاة الاساطير وتجارب العصور الماضية التي في الأدب العربي فهي اشبه برسالة الغفران والتوابع والزوابع فقد استطاع فوزي المعلوف ان يبث احزانه وآلامه وتبرمه من الحياة وقشورها خلال ابيات المطولة التي مزج فيها الواقع بالخيال المحلق في أجواء السماء وطبقات الفضاء باحثا عن روحه التي فارقت جسده هربا من تعقيدات الحياة على الأرض وقد اتخذ الطائرة مطية له في رحلته الخيالية وهو يصف لنا مراحل رحلته وتطوراتها في أربعة عشر ـ نشيدا فيصف في النشيد الأول المكان والبيئة التي تعيش فيها روحه. فيقول:

في عبـاب الفضـاء فـوق غيومــه   فـوق نسـره ونجمـتـــه

حيـث بـث الهـوى بثغـر نسـيمه		كـل عطـره ورقتـه
مـوطن الشـاعر منـذ الـبدء		لكـن بروحـه لا بجسـمه

وبعد ذلك ينتقل إلى وصف روح الشعراء بالجلال، والطهارة فيقول:

انـت يـا روحهـم مـن النـور ذرات		اضـاءت في الكـون عالـميه
لسـت مـن عـالم الـتراب وان كنـت		تقمصـت بـالتراب عليـه
انـت مـن عـالم بعيـد عـن الأرض		يفـيض الجـلال عـن جانبيـه

ثم يتحدث في النشيد الثالث عن عبودية جسمه وحريه روحه التي تسبح في الفضاء بعيدا عن التمدن وقشوره، فيقول:

انـا عبـد الحيـاة والمـوت، امشيـ		مكرهـا مـن مهودهـا لقبـوره
عبـد عصرـ مـن التمـدن فـلهو		ضـلة عـن لبابـه بقشـوره

وفي النشيد الرابع يصف تحقيق حلمه الذي ترجم إلى الواقع بعد أن ركب الطائرة التي استخدمها في التنقل كي يصل إلى روحه. فيقول:

صـعد الطـرف في الأثـير تجدنـي		قاطعـا في الأثـير مـيلا فمـيلا
حببـا تـارة وطـورا وئيـدا		صـعدا، مـرة واخـرى نـزولا
فـوق طيـارة عـلى صـهوات الـريح		راحـت تـروض المسـتحيلا

وبعد أن يصل إلى السماء يصف مشاهداته في طريقه كالطيور التي فزعت من منظره فيقول في النشيد الخامس عندما يسأل نسر اخاه عن حقيقة القادم:

ياله طائرا بصورة شيطـان		يبث اللهيب بركان صدره

اهو منا؟ لا. لا فلم ار جبارا كهذا في الجو ما بين طيره

فاخذت الشكوك تراود الطيور حول هذا الغريب القادم الذي يريد بهن شرا عندما يستعمر الفضاء، لذلك اخذت الطيور تستعد لمواجهة ذلك الغريب وكان الشاعر يتودد اليهن باسلوب رقيق ليهدئ من روعهن فيقول:

لا تخـــافي يـــا طـــير مـــا انـــا الا شـــاعر تطـــرب الطيـــور لشـــعره
زارك اليـــوم متعبـــا ينشـــد الـــرا حـــة في هـــدأة الســـكون وســـحره
فـــر عـــن أرضـــه فـــرارك عنهـــا مـــن أذى أهلهـــا، وتنكيـــل دهـــره

وهكذا يستمر في بث آلامه واحزانه لتلك الطيور لينال عطفها عليه فيقول في النشيد السادس (رمز الألم):

تـــاه في عـــالم الخيـــال فضـــاعت نفســـه وهـــي تنشـــد المســـتحيلا
فهـــو لا يعـــرف التبســـم إلا عنـــدما يســـتعيد حلـــما جميـــلا
الـــف اليـــأس قلبـــه فهـــو والـــيأ س يحـــاكي بثينـــة وجميـــلا

بعد أن انست إليه الطيور انتقل إلى عالم النجوم التي اوجست منه خيفة فقالت نجمة لاختها:

انظريه يدنوا ويدنوا فهل غلغل في جونا بقصد اكتساحه؟

وبعد أن عرفت اختها حقيقته ترد عليها:

لا تخافي منه وخليه يعلوا فقريبا يهوي صريع كفاحه

وفي النشيد الثامن يأخذ يشكو همومه للنجوم ويصف نفسه الحزينة التي تغمرها الصبغة التشاؤمية فيقول:

عشت بين المنى يراود نفســي خلب من طيوفها وعقــام

ضاع عمري سعيا وراء رسوم	خططتها في الشاطئ الاقدام

وبعد ذلك يصل إلى عالم جديد هو عالم الارواح فعند وصوله تجمعت حوله الارواح واخذت تتهامس عليه:

فتـألبن حـول جسـمي جماعـات	مـلأن الجـو الفسـيح دويـا
وإذا بي اعـي هنالـك اشيـا	ء ولمـا حـدقت لم ار شـيئا

فسمعت الذي توشوشه الارواح عني ومـا تفكر فيـا

وسمع روحا تقول إن هذا القادم اصله من التراب لذلك يجب أن نطرده، حتى يعود إلى أصله الارض.

وفي النشيد الحادي عشر يدور حوار بين الأرواح حول الشاعر وشره.

وفي النشيد الثاني عشر يرى أن روحا تقترب منه فإذا بها روحه فتعم الفرحة الجسد والروح ويغيبان في عناق طويل، وهذه الفكرة التي تقوم عليها المطولة الخيالية وهي التقاء جسد الشاعر بروحه التي اخذت تدافع عنه أمام اخواتها وتقول:

هـو بـالرغم عنـه مـن عـالم الأر	ض تزيـا بشـكل ابنـاء جنسـه
سـكن الارض رغـما وهـو لـو	خيـر مـا اختـار غـير ظلـم رمسـه
جـاء مـن أرضه يفتـش عنـي	يائسـا فاخشعوا احترامـا ليأسـه

وفي النشيد الثالث عشر وبعد أن التقى الشاعر بروحه وتبادلا القبل والحديث الجميل يستيقظ الشاعر من حلمه الرائع ليقع نظره على الحقيقة فيقول:

موقـف لا يمثـل الفكـر أبهـى	منـه في نومـه وفي يقظاتـه

وفي نهاية الرحلة الخيالية التي صاغها الشاعر من حلمه الرائع يرجع الشاعر إلى مسقط رأسه حيث البؤس والشقاء والانانية مودعا روحه التي ذهبت إلى مأواها في جو الطهارة والخلود. فيصف مشهد العود بهذه الأبيات الحزينة:

وإذا بي اهـوى إلى الأرض وحـدي	بعـد حريتـي اكابـد رقــا
تركتنـي روحـي وعـادت لــمأوا	هـا تشـق الشـعاع في الجـو شقا
فرايـت الـيراع قـربي يواسينـي	ويـبكي لمـا لقيـت والقـى

بعد هذا العرض الموجز لمراحل الرحلة الخيالية نلمس التوفيق الذي لازم الشاعر في التعبير عما يجول في خاطره من أفكار استطاع باسلوبه الرائع وخياله المحلق في طبقات الفضاء أن يرسم لنا لوحة رائعة للصراع القائم داخل الشاعر نفسه عندما استشعر انفصال روحه عن جسده بعد فترة تأمل عميق في حياته وبيئته التي تبعث الأسى والحزن والتشاؤم لما فيها من تناقضات.

وهناك بعض الملامح الجديدة في هذه القصيدة لم نعهدها من قبل. فهي تمتاز بطول النفس وبالحديث الحواري بين الشاعر وعوالم الطبيعة المختلفة كالطيور، والنجوم والأرواح وغيرها.

بالإضافة إلى تنويع القافية الذي اكسب القصيدة جاذبية وموسيقى جميلة وتمتاز بدقة التصوير للصبغة التشاؤمية التي تلازم أغلب شعراء المهجر ورغم هذه العناصر الجديدة إلا أنها استلهام من الأدب الشعبي حيث انها اسطورة شعبية شرقية من أساطير الـف ليلـة وليلة[1]

([1]) التجديد في شعر المهجر – انس داود ص ٤١٦.

هذا بالإضافة إلى البراعة في المزج بين الواقع والخيال وهي ميزة تكاد تنطبق على أغلب هذا اللون الشعري المهجري.

٦- مطولة عبقر - لشفيق المعلوف:

على غرار مطولة "على بساط الريح" نرى مطولة "عبقر" للشاعر شفيق المعلوف وهي أيضا قصيدة اسطورية خيالية حيث إنها ترمز إلى ثورة الشاعر نفسه على الحياة التي يعيشها الناس لما فيها من حقد وتباغض وفساد واطماع فتخيل الشاعر أن شيطانا من بلاد الجن - عبقر- جاءه متخفيا تحت غمامه وعرض عليه خدماته قائلا له:

أقبـــل نحـــوي قـــائلا إننـــي   طـــوع لمـــا يقضي بـــه الآمـــر
اتيـــت والليـــل طـــوى ذيلـــه   فعـــم صـــباحا أيهـــا الشـــاعر[1]

واخبره انه قدم إليه خصيصا من عبقر -وهو مكان تسكنه الجن وينسب إليه كل عمل فائق - وطلب منه أن يصحبه إلى موطن الجن فوافق الشاعر، وانطلق به إلى الفضاء ولما وصل إلى عبقر اخذ يطوف بالابراج الضخمة البناء ويصف مشاهداته فالتقى بالعجوز الشمطاء -عرافة عبقر- وبعد حديث بينهما اتسم بالغلظة والقوة انتهت إلى غضب الشاعر مما دعاه إلى الارتحال عن تلك الديار وغيلانها وما فيها من اشباح وخرافات.

وقد استطاع الشاعر ان يحلق بخياله الواسع مع معالجة الواقع - وانتقاده بكل ما فيه - على الأرض.

---

(1) عبقر: شفيق المعلوف، ص ٣٠.

وكان ذلك بواسطة الشياطين والكهان والطيـور. وكـل مـا صـادفه في رحلتـه وقـد سـاغ رحلته في أثنى عشر نشيدا كما حـدث في مطولـة "عـلى بسـاط الـريح" التـي تشـاركها نفس السمات بالاضافة إلى موهبة الشاعر وابداعه وقدرته على التصوير الدقيق.

وهناك مطولات كثيرة على هذا النمط تعج بها دواوين الشعر المهجري.

الفصل الثالث

خصائص الشعر المهجري

الفصل الثالث

خصائص الشعر المهجري

من خلال تعرضنا لدراسة الشعر العربي في المهجر وتطوره ابتداء من نهاية القرن التاسع عشر حتى النصف الأول من القرن العشرين حيث إن هذه الفترة شهدت الجزء الأكبر من انتاج المهجريين الشعري الذي شق له طريقا جديدا يختلف عن الطريق التقليدي الذي سلكه شعراء العربية في مختلف العصرو الأدبية المتلاحقة.

فقد استطاع المهجريون ان يضعوا قواعد جديدة تعمل على هدم الأساليب العربية القديمة وهجرها بحجة أنها لا تساير ركب الحضارة في العصر ـ الحديث والتجأوا إلى تقاليد جديدة لا نغالي اذا قلنا إنها اكثر صعوبة من التقاليد الموروثة فكانت محاولاتهم التجديدية متطرفة إلى أبعد الحدود خاصة عندما شاع الضعف اللغوي في الصورة الشعرية وشكلها وضعف العبارة احيانا.

وقد اكتسب الشعر المهجري بعض الخصائص التي ترجع إلى التأثر بالثقافة الغربية تأثرا سطحيا ـ باستثناء بعض الذين تعمقوا بالأدب الغربي ـ الامر الذي جعلهم ينقلون عن الغرب دون استيعاب لثقافته وينقمون على التقاليد العربية مع عدم التعمق بها. لهذا فلا غرابة ان وجدنا بعض الاخطاء اللغوية والبلاغية والعروضية في أشعارهم. ومع ذلك فلا نستطيع أن نطمس حقهم بأن نرجع الفضل إليهم في بعض الخصائص التي برزت في شعرهم وجعلوا منها الروح والحياة للقصيدة الشعرية المهجرية.

ونجمل أهم الخصائص الفنية في الشعر المهجري. وهي:

١- التحرر من قيود القديم وتقاليده:

لقد ثار شعراء المهجر على تقاليد الشعر القديم بمختلف مظاهرهـا مـن وزن وقافيـة وموضوع ومضمون وغيرها من التقاليد المتبعة.

ولكن هذه الثورة كانت تتفاوت بـين شعراء المهجر أنفسـهم وذلـك عنـد محاولـة التطبيق للمبادئ التي نادوا بها.

لذلك نجد أن شعراء الشمال كانوا أكثر اندفاعا في تيار التجديد الذي بلغوا فيـه أقصى غاية، خاصة شعراء الرابطة العلمية ورئيس الرابطة وميخائيـل نعيمـة الـذي ألـف كتابـه "الغربال" من أجل نقد الأوضاع الأدبيـة العربيـة فتعـرض للشعر ولغتـه وللشعراء والنقـاد وطريقة تأليفهم باسلوب كله سخرية وثورة واضحة على القديم.

وفي المقابل نجد شعراء المهجر الجنوبي –باستثناء بعضهم- يمثلون جانب الحفاظ عـلى القديم بكل ما فيه من سمات وتقاليد.

ونلاحظ أن الانقسام قد حـدث في صـفوف شعراء المهجر الجنوبي فمـنهم المحـافظ ومنهم المتحرر.

ولكن يمكننا التجاوز عن تلك الانقسامات ونحكم على الأغلبية ونقول إن شعراء المهجر الجنوبي كانوا انصار القديم، وبعض الباحثين يرجع السر في محافظة شعراء الجنوب على القديم اكثر من شعراء المهجر الشمالي – إلى تأثر شعراء المهجر الشمالي باللغة والثقافة الغربية تأثرا اكثر من تأثر شعراء

الجنوب والسبب في ذلك التأثر نابع من أن لهم مستوى علميا حصلوه على ارض الوطن قبل هجرتهم مما ساعدهم على تتبع الثقافة الأجنبية ومن هنا كان التباين بينهم وبين اخوانهم في الجنوب الذين لم يبلغوا - قبل هجرتهم - مستوى علميا يمكنهم من متابعة الثقافة الاجنبية ولعل هذا عامل من العوامل التي تفسر لنا سبب محافظتهم وحرصهم على اللغة العربية[1]

في الواقع اننا نوافق الباحثة رأيها في بعض ما قالته إلا أن قلة التحصيل العلمي قبل الهجرة لا تقتصر على شعراء المهجر الجنوبي وحدهم بل إننا نرى أن قلة الثقافة العربية وعدم التعمق بها كانت عاملا من عوامل انحراف شعراء المهجر الشمالي امام تيار التجديد الأوروبي. مما جعلهم -باستثناء بعضهم- يأخذون من الثقافة الغربية القشور ويتمسكون بها دون تعمق ودون وصول إلى الجوهر.

يضاف إلى ذلك ثقافتهم السطحية في عربيتهم كل هذه العوامل ساعدت على دفع النقاد المحافظين إلى النيل منهم ومن انتاجهم وطريقتهم الفنية.

وأرى أن شعراء المهجر سواء في الشمال أم في الجنوب قد استقوا مبادئ ثقافتهم العربية من منابع واحدة وهم جميعا ابناء بلد واحد ودرسوا في مدارس واحدة، إلا اذا كان هناك نظام يفرض على اصحاب المستويات العلمية العالية أن يهاجروا إلى أمريكا الشمالية - كي يصلوا في التحرر إلى أقصى- غاية ويفرض في المقابل على أصحاب المستويات الثقافية المنخفضة على أن يهاجروا إلى امريكا الجنوبية كي يتمسكوا بالتقاليد الشعرية الموروثة.. !!

---

(1) القومية والانسانية في المهجر الجنوبي: عزيزة مريدن ص٢٥.

وهذا على ما اعتقد لا يستسيغه أحد، ولكن القريب إلى العقل هو أن البيئة الجديدة لعبت دورا كبيرا في مدى قابلية مهاجري الشمال والجنوب للتيارات التحررية التي كانت سائدة في بلاد اوروبا وخاصة شيوع المذهب الرومانسي في تلك الفترة.

فنرى أن شعراء الشمال نزلوا في بيئة حضارية، ومدنية متطورة الامر الذي عكس أثره على نفوس الشعراء الشماليين، وبالتالي على مواهبهم وانتاهم فجعلتهم يميلون إلى التحرر والتجديد أكثر من اخوانهم شعراء الجنوب الذين نزلوا في بيئة لا تختلف – في مدنيتها وحضارتها – كثيرا عن البيئة العربية التي عاشوها في بلادهم.

بالإضافة إلى أن قسوة العيش التي صادفها المهاجرون لم تمكنهم من الانحراف امام تيار التجديد.

وهناك امر لا يغيب عن الأذهان وهو وجود المفكرين والادباء من الجاليات الاندلسية التي هاجرت إلى البرازيل والذين مازالوا يحملون التقاليد العربية وادابها فكان لإتصال مهاجري الجنوب بهم أثر كبير في المحافظة على اللغة العربية وتقاليدها من الأوزان والقوافي والاساليب الرصينة.

٢- الحنين إلى الماضي وذكرياته:

لقد امتاز شعراء المهجر بكثرة انتاجهم الشعري الذي نظموه شوقا وحنينا إلى أوطانهم وذويهم ومراتع صباهم وما تركته في نفوسهم من ذكريات جميلة، ومما ساعد على ذلك اللون الشعري تلك الظروف السياسية والاجتماعية التي كان لها أثر كبير في نفوس افراد المجتمع.

لذلك كانوا يبعثون القصائد الشعرية المليئة بالم الفراق والحب والرقة إلى من خلفوهم وراءهم ويضمنوها احاسيسهم وعواطفهم التي تتوق حنينا وشوقا لتلك الديار وبساتينها والأصدقاء وذكرياتهم الغالية.

وقد نبغ في هذا اللون اغلب شعراء المهجر - وخاصة الجنوبي - أمثال فرحات ونعمه الحاج ونسيب عريضة ومسعود سماحة وجورج صيدح وغيرهم وقد اوردنا امثلة تدل على هذا اللون الشعري خلال فصول هذا البحث.

٣- التنويع في القافية والتجديد في الوزن والتحرر من التزامها:

ونلاحظ أن أي محاولة للتطوير والتجديد لا يمكن أن تحدث طفرة واحدة، فلابد من التدرج بخطوات متتالية ولا بد من التمهيد لاي حركة تجديدية قبل البدء بها.

فبالنسبة للأوزان والقوافي برزت محاولات للثورة على تقاليديها في العصر العباسي وفي الشعر الاندلسي. الذي مهد لشعراء المهجر الطريق حين عمد إلى تنويع القوافي والأوزان وانتج للأدب العربي موشحات وما تفرع عنها من ازجال.

ان موشحات الاندلسيين ونظامها لم تكن إلا ثورة شكلية تدور على التجديد في الوزن والقافية دون مساس الجوهر والمضمون أما شعراء المهجر فقد ساروا على نهج اخوانهم في نظم الموشحات مع اضافة التفكير العميق، والمضامين البناءة - فإن كان لنا ان نحتسب لهم فضيلة فمن هذه الناحية، ورغم مناداتهم بالثورة على القديم وهدم أركانه الا انهم لم يتخلصوا منه دفعة واحدة.

فإن كثيرا من اشعار أبي ماضي – الذي يعلن نقمته على أوزان الشعر وقيوده، في افتتاحية ديوانه – الجداول – وبخاصة في الجزء الثاني من ديوانه نرى أن أسلوبه في هذا الجزء لا يمكن أن يعد حديثا ولا يمثل في أغلبه اسلوب المدرسة المهجرية في بساطتها وموسيقيتها فهو لم يستطع أن يتخلص فيه مرة واحدة من سيطرة الاساليب الشعرية السائدة آنذاك، فترى عنده البحور الطويلة والألفاظ القديمة والمطالع التقليدية كمطلع (لمن الديار):

لمن الديار تنوح فيها الشمـال   مامات أهلوها ولم يترحلـوا [1]

ومع ذلك فقد عمد شعراء المهجر في نظم الموشحات إلى البحور ذات الأوزان الموسيقية الخفيفة وأصبح يوجد في القصيدة ما يسمى (بمجمع البحور) وغيرها من الانماط الشعرية المتعددة.

وبجانب الوزن والقافية نجد أنهم ابتعدوا عن الجزالة اللغوية وهجروا الالفاظ الوحشية والتزموا لين الاساليب والجملة فقد هجروا كل ما يمت بصلة إلى الكلاسيكية المحافظة.

وعملوا على استخدام الالفاظ المألوفة والمأنوسة والتراكيب البسيطة والسهلة ونظموا قصائدهم على نظام الشعر المنثور المقتبس من الغرب وصاحب هذا النظام في الشعر المهجري هو أمين الريحاني.

وتفننوا في نظام التفعيلة العروضية.

([1]) أيليا أبو ماضي والحركة الأدبية في المهجر – نجدة فتحي صفوة – ط١، ص٦٤.

وللدكتور محمد مندور رأى في استخدام شعراء المهجر للالفاظ المألوفة. يقول:

"اما استخدامهم الالفاظ المألوفة فلست أرى فيه موضع ضعف بل قوة وذلك لأن الالفاظ المألوفة هي التي تستطيع في الغالب ان تستنفذ احساس الشاعر كما انها أقدر من الألفاظ المهجورة على دفع مشاعرنا إلى التداعي" [١]

٤- الهيام بالطبيعة:

ان شعراء المهجر من أكثر الشعراء تجاوبا وتعاطفا مع الطبيعة بكل ما فيها من مظاهر تدعو إلى البشر والسعادة فيبثون إليها احزانهم كي تشاركهم مشاعرهم كما أنهم يحزنون لحزنها ويسعدون لسعادتها كما فعل ميخائيل نعيمة في قصيدته النهر المتجمد وجبران في مواكبه ونسيب عريضة حين دعا نفسه للتعري في الغاب حيث الامن والسلام والياس فرحات الذي الف ديوانا حول الطبيعة ومظاهرها سماه "أحلام الراعي".

لهذا كانت الطبيعة هي الملجأ الوحيد – للمهاجرين – الذي يلتجئون إليه هربا من زحام المدينة وضجيج المصانع والآلات، والمادية المسيطرة على الناس، فكثيرا ما نجد كلمات الغاب والقفر والروض في اشعارهم ولم يكتف شعراء المهجر بذلك بل انعطفوا إلى مخاطبة الحيوانات والحشرات الضعيفة "كالدودة" لميخائيل نعيمة والفراشة المحتضرة لابي ماضي. والعصفور الباشق. والبلبل الساكت وغيرها من القصائد التي تتضمن جوهرا هادفا وتشخيصا حيا وتعاطفا شديدا يبرز مدى حب هؤلاء الشعراء للطبيعة وهيامهم بها.

---

(١) الميزان الجديد: محمد مندور، ط١ ص٥٥.

وفوق ذلك فقد استخدموها رمزا للتعبير عـن افكـارهم الناقدة للمجتمع ومشـاكله وافراده. فكانوا يفكرون من خلال مظاهر الطبيعة كما تفكر من خلالهم.

٥- النزعة الفكرية التأملية:

وهي ميزة اشتهر بها شعراء المهجر الشمالي اكثر مـن غـيرهم في الجنوب حيـث إنهـم اطلقوا لاخيلتهم العنان كي تجوب اجواز السماء باحثة عـن الحقـائق المجهولـة التـي يتوقـون لمعرفتها مدعمين تأملاتهم بنزعة الشك التي يقوم عليها بحثهم للأشياء وحقائقها فشـكوا في النفس الانسانية بطريقة صوفية تأملية وبرز ذلك في مواكب جبران وديـوان همـس الجفـون لميخائيل نعيمة والطلاسم والحكاية الأزلية لابي ماضي. وفوزي المعلـوف وشـفيق المعلـوف في مطولتي (على بساط الريح) (وعبقر). ويعتبر نسيب عريضة من أكثر شعراء المهجر تخصصـا في هذه الناحية لدرجـة أنـه سـمى ديوانه (الأرواح الحـائرة) وقد تعرضنا لهـذه الناحيـة في موضعها.

٦- النزعة التشاؤمية:

وهي تصور جانب الحزن والألم في شعر المهجر الذي يتسم بالمسـحة البائسـة الحزينـة وهذا يرجع إلى الظروف المعيشية الصعبة التي صادفوها في الوطن الجديد باستثناء ايليا أبي ماضي في قصائده التي تدعو إلى التفاؤل وإلى نبذ التشاؤم ولكن ابا مـاضي لم يكن متفـائلا في جميع قصائده حيث إننا نجـده في بعـض قصائده يائسـا وحزينـا حزنـا يدفعـه إلى التشاؤم المدعم غالبا بالتجربة الذاتية التي مر بها الشاعر نفسه فتشاؤمه يختلف عـن تشـاؤم شعراء المهجر

الاخرين حيث انه كثيرا ما يحاول - رغم شعوره باليأس والحزن - ان يشيع جو المرح في قصائده.

وبالجملة فان ابا ماضي يعتبر اكثر شعراء المهجر تفاؤلا واستبشارا. وأن تصوفه الفني وان كان فيما يبدو قد تأثر بالرهبانية المسيحية وتأثر بالصوفية الاسلامية فإن هذه النزعة لم ينفرد بها وحده بل يشاركه فيها زملاؤه من أدباء المهجر كجبران ونعيمة والريحاني[١]

٧- الدعوة إلى التسامح الديني:

وهذه الدعوة كرد فعل لماقاساه شعراء المهجر من الظلم الناتج عن التعصب الديني والتحزبات الطائفية فآمنوا بالله وسماحة الدين الاسلامي إلا أن لهم بعض الاستباحات في استخدامهم الفاظ الجلالة في مواقع لا تليق بها فكثيرا نجد دعواتهم للوحدة الدينية والتكتل صفا واحدا امام المستعمر والطامعين وارجعوا اسباب الخلافات الطائفية إلى رجال الدين.

٨- الناحية القومية:

نتيجة لهجرة شعراء المهجر بعيدا عن اوطانهم التي تربطهم بها روابط قوية فكانوا دائما يتطلعون إلى أخبار ذويهم على ارض الوطن ويشاركوهم افراحهم وأحزانهم فما تقع حادثة لشعب عربي إلا وقاموا يحثون على التبرع بالمال للمساعدة وكان لمشكلة فلسطين قسط كبير في اشعارهم وخير ما يمثل هذه الناحية شعراء المهجر الجنوبي وخاصة رشيد الخوري والياس قنصل.

---

(١) بين شاعرين مجددين ابو ماضي وعلى محمود طه: ص٤٧.

٩-   المضمون الانساني:

كان شعراء المهجر يديرون اشعارهم على مضامين انسانية هادفة إلى تخليص الانسانية من الظلم والبؤس والحرمان ونستطيع ان نرجع هذه النزعة للظروف الصعبة التي عاشوا خلالها والبعد عن الوطن فعايشوا الفقر والتعب والشقاء في بادئ أمرهم فمن باب اولى أن يكونوا اكثر الناس احساسا بحالة الفقراء وتعبيرا عن مشاعرهم فاخذوا يطالبون بحقوقهم المهضومة من العدل والمساواة كما فعل مسعود سماحة في قصيدته "الا فلتعش المساواة" وجبران في مواكبه يدعو للحياة العادلة والأفضل وأبو ماضي يدعو إلى عدم التكبر وينادي بالمساواة مادام الجوهر واحدا. فالتعاطف واجب بين ابناء الطبقات المختلفة والياس قنصل يؤلف مجموعة من القصائد حول الطبقة الكادحة. فنرى في أشعارهم الألفاظ الدالة على المحبة والإخاء مثل "يا رفيقي" "ويا صاحبي" "ويا اخي". وغيرها من الألفاظ المليئة بالمحبة والاخلاص لبني الانسانية.

١٠-   ليونة الاساليب والتزام الناحية الايحائية في اشعارهم:

لقد عمد شعراء المهجر إلى اتخاذ الاساليب اللينة والقريبة الى الاذواق مع تجنب الجزالة اللغوية وقوة السبك وفحولة التراكيب.

بالاضافة إلى الابتعاد عن الناحية التقريرية في التعبير عن آرائهم وأفكارهم فكانت الطريقة التقريرية الوصفية هي السائدة قديما ولكن مع ظهور المذهب الرومانسي ـ الذي يمثله شعراء المهجر اصدق تمثيل. نرى تغيرا في الطريقة والأساليب التعبيرية.

فقد اعتمد شعراء المهجر في اشعارهم إلى القصائد القصصية والمطولات الشعرية التي نظموها باساليب رمزية وايحائية مع مزج بين الواقع والخيال

المحلق الذي يبعث الاثارة في نفس السامع ويجبره على الانجذاب نحو النص الشعري كي يشارك في حوادثه، وما يحمله من عواطف ومشاعر وافكار.

وهذه خصائص مستمدة من المذهب الرومانسي ـ الذي عمل على تحطيم القواعد الكلاسيكية فالرمزية والايحائية ترجع إلى تعاطف شعراء المهجر وتغلغلهم في الطبيعة ومظاهرها فاصبحوا يفكرون من خلالها (وهذا اللون من الشعر الرمزي لون جديد لم يعرفه الادب العربي إلا في مطلع هذا القرن)[1] .

_____

[1] ابو شادي وحركة التجديد في الشعر العربي الحديث: ص ٣٦٣.

خاتمة

من خلال دراستي لتطور الشعر العربي في المهجر فقد قسمت البحث إلى ثلاثة أبواب ضمنتها كل ما يتصل بشعراء المهجر من عوامل تأثيرية على انتاجهم الشعري. فبدأت الحديث عن الحالة الأدبية في بلاد الشام قبل الهجرة وبينت ما كانت عليه من تدهور وانحطاط. ثم تكلمت عن الدوافع التي دفعت ذلك النفر من الشبان للمهاجرة وارجعتها إلى الاسباب الرئيسية مثل الرغبة في جمع المال، واستجابة للمدارس التبشيرية والارساليات الاجنبية، بالإضافة إلى الفساد الذي عم البلاد من جراء سوء الادارة والحكم. وبينت ان الظلم كان يقع على الجميع وعلى مختلف الطوائف سواء مسيحية أم مسلمة إلا أن المسيحيين وجدوا من يرشدهم إلى الهجرة كالمدارس والارساليات الاجنبية.

وبعد ذلك وضحت ان الغربة واصطدام المهاجرين بالواقع الجديد بما فيه من قساوة، وصعوبة، كان الملهم الاول في دفع الشعراء للانتاج الشعري الصادق والاحاسيس خاصة عندما عايشوا الفقر والشقاء فانقلبت الصورة التي كانت في مخيلاتهم عن بلاد الحرية والمال، لذلك اخذوا يهربون من ذلك الواقع المادي إلى الطبيعة التي وجدوا فيها السعادة والامان فاطلقوا لأفكارهم العنان اخذوا يفكرون في أنفسهم وحالاتهم فتولدت عندهم نزعة الشك في كل شيء املا في الوصول إلى الحقيقة وعندما كانوا يصطدمون بالفشل كانوا يرجعون ذلك إلى رجال الدين وتعاليم الكتاب المقدس فكانوا يسخرون من الشيخ والقسيس لأنهم في نظرهم هم اساس البلاء، والتعصب الديني الذي يولد الشقاق والتفرقة.

فبينت انحراف الشعراء في محاولاتهم للنيل من الدين الاسلامي عن طريق الطعن في رجال الدين كما هو عند ابي ماضي الذي اباح لنفسه ان يتطاول على لفظ الجلالة في اغلب قصائده، ومع ثورتهم على الدين المسيحي وتعاليمه الا انهم كانوا جميعا يؤمنون بوجود إله واحد مدبر لهذا الكون وما فيه.

وهناك ميزة امتاز بها شعراء المهجر وهي الاكثار من شعر الحنين للوطن والشعر القومي الذي له سمة تختلف عن الشاعر القديم الذي كان ينقاد للمشاعر القبلية وعصبيتها ويقول ما يريده صاحب السلطان ورئيس القبيلة.

وبينت أن الشعر المهجري يمتاز بالمضمون الانساني الذي يهدف إلى خدمة الانسان، والمطالبة بحقوقه وانقاذه من الضياع والحرمان، وتحقيق العدالة الاجتماعية له، ولعل تفوقهم في هذا المجال يرجع إلى أنهم عايشوا حياة الفقر والحرمان فهم اصدق معبر عن احاسيس الفقراء وأفضل من يتحدث بلسانهم.

هكذا كانت محاولاتهم التجديدية في المضامين الشعرية اما في الصورة الشعرية وبناء القصيدة، فعلى الرغم مما قيل عنهم انهم تمردوا على عموم الشعر العربي من الوزن والقافية فقد وضحت أنهم لم يخرجوا عن تقاليد الشعر العربي وتراثه القديم خاصة من ناحية البحور الشعرية والتفاعيل والقوافي. فكل ما فعلوه هو أنهم طوعوا الاوزان، والقوافي مع ما يناسب ويلائم عصرهم واذواقهم، فهم لم يخترعوا بحورا وتفاعيل جديدة بل استعملوا نفس التفاعيل، والبحور الخفيفة ذات النغمة الموسيقية الجميلة التي تبعث الارتياح والسرور في النفس مع التزامهم المضامين الانسانية الخادمة للفرد،

والمجتمع عن طريق ما يبثوه من حـوار في مطـولاتهم، وقصـائدهم الشـعرية الرمزيـة ذات الهدف الناقد والاصلاحي. وقد وضحت الخصائص العامة التي تميز بها الشعر المهجري.

ومن ناحيـة اصدار الحكـم عـلى الانتـاج المهجري فيجـب علينا ان نبرأ أولا مـن أي اعتقادات، او أي آراء سابقة سواء اصدرها الغير ام كمنـت في نفوسـنا، ويجب أن نتعمـق في دراسة الانتاج الشعري وندسه دراسة واعية بعيدة عن أي تأثير خارجي، لنقف بانفسـنا عـلى الخصائص والمزايا والعيوب التي تكون خلفية يمكن للناقد أن يصدر حكمه مـن خلالها بثقـة وأمانة.

ومـما نلاحظه أن القـول في الشـعر المهجـري انقسـم إلى قسـمين. فمنه المؤيد ومـن المستنكر. وكان المحافظون هم الذين استنكروا الشعر المهجري فاصدروا عليه الاحكام الجائرة دون وقوف عـلى حقيقته واعتبروه غير جدير بدراستهم واستهلاك أوقاتهم، والواقـع أن هـؤلاء النقاد لو كلفوا انفسهم الدراسة والتعمق في ذلك التراث الشعري لوجدوا انفسهم ينجـذبون اليه ويتعاطفون معه ويألفونه.

ولعل السبب في نفورهم منه يرجع إلى أنهم يطلبون مـن الشـاعر المهجري أن يكـون مقلدا للشاعر القديم – الذي تعودوا عليـه – في كـل خطواتـه، وذلـك عندما يحـاكموه عـلى مقاييس قديمة. فإنه لا شك سيختلف عنه في كثير من النواحي والسبب ان العصرـ الجاهلي والعباسي مثلا يختلف عـن عصرنا الحالي لأن التقـدم الحضاري في تطـور مسـتمر في جميع مناحي الحياة، وكما نعلم أن الشعر مرآة البيئة والظروف التي يعيشها الشاعر. فلا غرابة اذا ساير الشاعر التقدم الحضاري.

لذلك يجب ان نحاكم الشاعر امام مقاييس جديدة متطورة تتناسب مع الظروف التي قيلت فيها الاشعار.

وهكذا استمرت المعارك بين المؤيدين والمعارضين للشعر المهجري وقد بينت ذلك اثناء البحث.

وان جاز لي أن ادلي برأي في المدرسة المهجرية وما قدمته للتراث العربي فهي لا شك قد استطاعت ان تحقق ما عجزت عنه بعض المدارس التي حاولت التطوير والتجديد في الشعر العربي على مر العصور وكانت محاولاتها تلقى الفشل، باستثناء مدرسة الاندلس التي سجلت تجديدا يذكر لها خاصة في الصورة الشعرية. والتي كانت نقطة البداية الجادة في التطوير الشعري والتي تحتاج إلى من يتم تلك البداية. فكانت المدرسة المهجرية صاحبة الفضل في اكمال ما انتهت إليه مدرسة الاندلس. فطورت البناء والصورة الشعرية وفي المضامين والمواضيع الشعرية وغيرها.

ولولا تسرب الضعف اللغوي والنحوي في قصائدهم مما يحسب عليهم، لكان انتاجهم من أفضل الانتاج الشعري الهادف الموحي، والمعبر عن المشاعر والاحاسيس الداخلية تعبيرا صادقا في قوالب وأساليب شعرية ترتاح اليها النفس لما تثيره فيها من حيوية وحركة.

فانتاجهم يهمس همسا لا تقرير فيه حتى اطلق عليه الدكتور محمد مدنور "الادب المهموس" لما فيه من اثارة وانسانية ويقف يدافع عن الشعر المهجري ويقول أن بينه وبين الكثير من شعراء مصر قرونا وانه لمن الظلم ان يرتفع بعد ذلك صوت يحاول ان ينكر على هؤلاء الشعراء نعيمة واخوانه

بالمهجر انهم هم الأن شعراء اللغة العربية وان شعرهم هو الذي سيصيب الخلود.

وقد وضحت إلى أي مدى وصلت المدرسة المهجرية، وإلى أي مدى يمكن ان تصل في تطورها بعد أن بلغت القمة في انتاجها خاصة في الفترة الاولى من القرن العشرين حين كان الرعيل الأول يضع الأسس والقواعد الثابتة، المميزة للمدرسة المهجرية.

ومما يلاحظ أن النجاح والتقدم الذي احرزه الرعيل الأول اخذ يفتر شيئا فشيئا عندما امتدت يد القدر لتخطفهم الواحد تلو الآخر، فالذي يذهب لا بديل له خاصة عندما اخذ ابناء المهجرين يتحولون عن العربية إلى الانتاج في الأداب الاوروبية التي نبغوا فيها وقد رددت ذلك إلى انقطاع صلتهم بوطنهم وعربيتهم ولنشوئهم في بيئة غربية تحتم عليهم الدراسة والتعلم باللغات الاجنبية الأمر الذي جرفهم أمام التيارات الأدبية الغربية والعزوف عن الأداب العربية.

وقد حملت المسئولية إلى الأباء الذين اهملوا في خلق الصلة بين ابنائهم ووطنهم ولغتهم وقد شعر بهذه الظاهرة بعض الشعراء من المهجرين انفسهم ونبهوا عليها وما تحمله من عواقب وخيمة.

فكان من الواجب عليهم أن يقوموا برحلات مصطحبين معهم ابناءهم لمساقط رؤوسهم كي يبعثوا في نفوسهم حب الوطن واللغة العربية.

وبعد هذا فإن التراث المهجري وبخاصة في مجال الشعر يحتاج إلى كثير من الدراسات المتخصصة لابراز ما يحتويه من سمات تجديدية تساعد الشعر العربي على مسايرة الاداب العالمية المتطورة.

فهناك الشاعر القروي بدواوينـة المتعـددة التـي اضـافت إلى الـتراث العـربي مجموعـة ضخمة من الشعر القوي الرصين، والمواضيع القومية والانسانية، فهو مجال دراسة ذات قيمـة كبيرة من الأدب العربي.

وكذلك جبران خليل جبران بمؤلفاته واشعاره، التي تمتاز بالأساليب الرائعة والتي كانت لها كبير الاثر على الشعراء الشبان في الوطن العربي.

وكذلك نعيمة، وأبو ماضي وغيرهم من شعراء المهجر الاكفاء الذي يصلحون لان يكونوا موضع بحث ودراسة.

بالإضافة إلى امكان دراسة نقدية مقارنة بين المدرسة المهجرية التجديدية واقرانهـا مـن المدارس التجديدية في الوطن العربي خاصة المعاصرة لها كمدرسة ابولو والديوان.

كل ذلك يصلح لان يكون ميدانا فسيحا للبحث والدراسة.

وبعد هذا ارجو أن أكون قد وقعت على الحقيقة، أو اقتربت منها في هذا البحث الذي لا أدعى فيه الكمال لأن الكمال لله وحده.

و اللـه ولي التوفيق،

المراجع

١. أبو شادي وحركة التجديد في الشعر العربي الجديد: د. كمال نشأت، سنة ١٩٦٧، دار الكتاب العربي.

٢. د. الأعاصير: رشيد سليم الخوري، طبع مجلة الشرق، سان بولو.

٣. الأدب العربي في المهجر: د. حسن جاد حسن، الطبعة الأولى، سنة ١٩٦٣.

٤. أدب المهجر: عيسى الناعوري، طبع دار المعارف، ١٩٥٨.

٥. ادبنا وادباؤنا في المهاجر الامريكية: جورج صيدح، الطبعة الثانية، طبع بيروت، ١٩٥٧.

٦. الاتجاهات الادبية في العالم العربي الجديد: انيس الخوري المقدسي، الطبعة الأولى، الجزء الأول، ١٩٥٢.

٧. احلام الراعي: الياس فرحات، الطبعة الثانية، دار العلم، بيروت ١٩٦٢م.

٨. امين الريحاني الرجل الاديب: جميل جبر، مطبعة فاضل وجميل، بيروت.

٩. ايليا أبو ماضي شاعر المهجر الأكبر: زهير ميرزا، دار اليقظة العربية، دمشق.

١٠. ايليا أبو ماضي رسول الشعر الحديث: عيسى الناعوري، الطبعة الأولى طبع عمان، ١٩٥١م.

١١. ايليا أبو ماضي والحركة الأدبية في المهجر: نجدة فتحي صفوت، الطبعة الأولى، بغداد ١٩٤٥م.

١٢. بلاغة العرب في القرن العشرين: جمع محي الدين رضا، الطبعة الثانية مطبعة الرحمانية، ١٩٢٤م.

١٣. بين شاعرين مجددين أبو ماضي وعلي محمود طه: عبد المجيد عابدين، مطبعة الشبكشي بالأزهر.

١٤. التجديد في شعر المهجر: محمد مصطفى هداره، الطبعة الأولى، دار الفكر العربي، ١٩٥٧م.

١٥. التجديد في شعر المهجر: انس داود، طبع دار الكتاب العربي.

١٦. تاريخ الأدب العربي: السباعي بيومي، الطبعة الثانية، الجزء الثاني سنة ١٩٥٨م.

١٧. تاريخ الصحافة: خليف دى طرازى، طبع بيروت ١٩١٣م.

١٨. تاريخ الأداب العربية في الربع الأول من القرن العشرين: لويس شيخو.

١٩. التصوف في الشعر العربي نشأته وتطوره: عبد الحكيم حسان، مطبعة الرسالة، ١٩٥٤م.

٢٠. جبران خليل جبران، ميخائيل نعيمة، الطبعة الثانية، مطبعة صادر بيروت، ١٩٤٣م.

٢١. الجداول: ايليا أبو ماضي، الطبعة الثانية، دار العلم للملايين، بيروت، ١٩٦٠م.

٢٢. حديث الاربعاء: طه حسين، الطبعة الثامنة، ٣ أجزاء ، الجزء الثالث، دار المعارف بمصر.

٢٣. الخمائل: إيليا ابو ماضي.

٢٤. دار الطراز في عمل الموشحات: ابن سناء الملك تحقيق ونشر جودة الركابي، دمشق ١٩٤٩م.

٢٥. دراسات في الشعر العربي المعاصر: شوقي ضيف، الطبعة الرابعة، دار المعارف، مصر.

٢٦. ديوان فرحات: الياس فرحات، سان باولو، ١٩٣٢م، طبع مجلة الشرق.

٢٧. ديوان القروي: رشيد سليم الخوري، مطبعة صفوي التجارية.

٢٨. ديوان مسعود سماحة: مسعود سماحة، مطبعة مجلة السمير، بروكلن.

٢٩. ديوان محبوب الشرتوني: محبوب الشرتوني، ١٩٣٨م، بروكلن.

٣٠. ديوان السهام: الياس قنصل: الطبعة الثالثة بونس ايرس، ١٩٣٥م.

٣١. شعراء الرابطة القلمية: نادرة السراج، دار المعارف بمصر ١٩٦٤م.

٣٢. الشعر العربي في المهجر: امريكا الشمالي، د. احسان عباس، محمد نجم، دار صادر بيروت ١٩٥٧م.

٣٣. الشعر العربي في المهجر: محسن عبد الغني حسن.

٣٤. الشعر العربي المعاصر قضاياه وظواهره الفنية والمعنوية: د. عز الدين اسماعيل، دار الكاتب العربي.

٣٥. شاعر الطيارة: فوزي المعلوف، البدوي الملثم، دار المعارف بمصر.

٣٦. الشعر القديم والحديث: محمد أمين واصف – مطبعة مصر.

٣٧. ديوان شعر النحلة المنظوم في خلال الرحلة: لويس صابونجي، المطبعة التجارية ١٩٠١م.

٣٨. العبرات الملتهبة: الياس قنصل، بونس ايرس، ١٩٣١م.

٣٩. عبقر: شفيق المعلوف، مطبعة مجلة الشرق، ١٩٣٦م.

٤٠. على مذبح الوطنية: الياس قنصل، بيونس ايرس، ١٩٣١م.

٤١. الغربال: ميخائيل نعيمة: طبع دار المعارف بمصر.

٤٢. في الميزان الجديد: د. محمد مندور، الطبعة الأولى، مطبعة لجنة التأليف بمصر، ١٩٤٤م.

٤٣. فصول من الثقافة المعاصرة: محمد عبد المنعم خفاجي: الطبعة الاولى، المطبعة المحمدية، مصر.

٤٤. القومية والانسانية في شعر المهجر الجنوبي: عزيزة مريدن، طبع دار القومية.

٤٥. ديوان القرويات: رشيد سليم الخوري، مطبعة مجلة الشرق، سان باولو.

٤٦. رائد الشعر الحديث: محمد عبد المنعم خفاجي، المطبعة المنيرية، القاهرة، ١٩٥٣م.

٤٧. مجددون ومجترون: مارون عبود، الطبعة الثانية، بيروت ١٩٦١م.

٤٨. مناهل الادب العربي: الجزء الخامس، امين الريحاني.

٤٩. مناهل الادب العربي: الجزء الثلاثون، نسيب عريضة، مكتبة صادر، ٩٥.

٥٠. مناهل الأدب العربي: الجزء الثاني – ميخائيل نعيمة.

٥١. موسيقى الشعر: د. ابراهيم انيس.

٥٢. المجموعة الكاملة لمؤلفات جبران: ثلاثة اجزاء، مكتبة صادر بيروت.

٥٣. المواكب: جبران خليل جبران، مطبعة المقطم، كمصر، ١٩٢٣م.

٥٤. ديوان من السماء: احمد زكي ابو شادي، الطبعة الاولى، نيويورك، ١٩٤٩م.

٥٥. ديوان نعمه الحاج، نعمه الحاج، الطبعة الأولى، نيويورك.

٥٦. الناطقون بالضاد في امريكا، ترجمة البدوي الملثم، نيويورك، ١٩٤٦م.

٥٧. ديوان همس الجفون، ميخائيل نعيمة، مطبعة صادر بيروت، ١٩٤٣م.

الفهرس

Printed in the United States
By Bookmasters